충청북도

충청북도

한국의 전통향토음식 4

충청북도

농촌진흥청 농업과학기술원
농촌자원개발연구소

㈜교 문 사

발간사

오천 년의 역사를 간직하고 있는 우리나라는 선조들의 혼이 깃들어 있는 세계에 자랑할 만한 우수한 전통문화를 가지고 있습니다. 국가 자산인 전통문화를 세계인의 문화 명품으로 발전시키기 위하여 정부에서는 '한(韓) 스타일 육성 종합 계획'을 수립하고 한식, 한복, 한옥, 한글, 한지, 한국음식 등 6가지 전통문화상품에 대한 육성 노력을 기울이고 있습니다. 이 중 농림수산식품부는 '한식' 육성에 관한 주무부처로 한국음식을 산업화 · 세계화함으로써 국가 이미지를 고양시키기 위한 정책을 추진하고 있습니다.

의식주문화 중 식생활문화는 쉽게 변하지 않는 특성을 가지고 있어서 그 민족의 문화를 측정하는 도구로 가치가 있다고 합니다. 우리나라는 선사시대부터 일찍이 농경을 시작하여 다양한 식품 재료를 이용한 음식문화가 발달했으며, 인접 국가인 중국, 일본과 차별화된 독특한 문화를 형성하였습니다. 또한 산맥이나 바다 등 지형적인 영향으로 지역마다 생산되는 특산물이 달라서 다양한 조리법과 맛을 지니고 있습니다. 외국인들에게 잘 알려진 김치의 종류도 수십 가지에 이르며, 같은 종류의 김치도 사용하는 젓갈이나 양념에 따라 다양한 맛을 냅니다. 최근 우리 음식은 영양학적 우수성과 기능성이 밝혀지면서 세계적으로 '건강식', '장수식'으로 인정받고 있으며, 새로운 가치창출을 위한 자원으로 부각되고 있습니다. 이처럼 독특하고 우수한 음식문화가 상품화 · 세계화를 위한 발판이 될 수 있으며, 관광 · 외식 등과 연계한 3차 산업으로 발전 가능성을 보여 줍니다.

그러나 사회가 발전하면서 다양하고 향토성이 짙은 우리의 음식문화가 빠르게 서구화되고, 이용하는 음식의 종류도 단순해지고 있습니다. 따라서 급변하는 식생활문화에 대응하고, 국가 자원인 '한식'을 세계화하기 위하여 사라지고 있는 전통향토음식의 조사 · 발굴 및 국가 차원의 통합자료화가 절실히 요구되고 있습니다.

농촌진흥청에서는 전통향토음식의 연구와 교육뿐만 아니라 지방자치단체의 농촌지도기관과 협력하여 지역의 전통향토음식을 계승 · 발전시키는 데 일익을 담당해 왔습니다. 이는 여전히 농촌은 식품 재료를 생산하고 전통향토음식을 이용하면서 조리법을 보유하고 있는 공간이기 때문입니다. 지금까지 농촌진흥청 및 농촌지도기관에서 몇 차례에 걸쳐 전통향토음식을 정리하여 책자로 발간하였으나, 통합자료화 및 전문가 검증이 미흡했던 아쉬움이 있었습니다.

이에 농촌진흥청 농업과학기술원 농촌자원개발연구소에서는 국가 산업자원으로 부각되고 있는 전통향토음식의 권리를 확보하고 세계화 기반을 구축하고자, 1999년부터 2005년까지 전국 9개 도의 전통향토음식에 대한 조사·발굴을 하였고, 2006년부터 2007년까지 지역성 및 역사성 검증, 자료의 표준화 등 학계의 검증을 받아 전통향토음식을 집대성한 10권의 책을 발간하게 되었습니다. 제1권 『상용음식』은 우리나라의 어느 지역에서나 일상적으로 먹는 음식을 수록하였고, 제2권부터는 각 도별 전통향토음식으로 행정구역상 9개 도로 구분하여 제2권 『서울·경기도』에서 제10권 『제주도』까지 전통향토음식을 수록하였습니다.

전통향토음식과 식생활문화에 대한 관심 고조로 그 가치가 재조명되는 시점에, 오랜 기간 동안 자료를 수집하여 우리의 전통향토음식을 총망라한 책을 발간하게 되어 기쁘게 생각합니다. 이 책이 농촌의 향토산업 활성화에 중요한 자료로 활용됨과 동시에 '가장 한국적인 음식이 가장 세계적인 음식' 으로 거듭나는 데 밑거름이 되고, 관련 분야 연구 및 교육에 활용되어 우리 식생활 문화 발전에 일조할 수 있기를 바랍니다.

이 책이 발간되기까지 현지조사 및 조리법 재현에 협조해 주신 농촌지도기관 생활지도직 공무원 및 향토음식연구회원들께 감사를 드립니다. 특별히 제4권 『충청북도』의 지역성 검증 및 자료 표준화에 참여해 주신 청운대학교 신승미 교수님과 감수를 위해 수고해 주신 충청대학 최미숙 교수님, 충청북도 청주시 향토음식연구회 윤순옥 회장님께 감사드립니다. 연구결과물을 더욱 빛나게 제작·출판해 주신 ㈜교문사의 류제동 사장님과 관계자 여러분께도 감사의 마음을 전합니다.

2008년 5월

농촌진흥청 농업과학기술원 농촌자원개발연구소

소장 **조 순 재**

차 례

제 2 장　충청북도의 전통향토음식 종류와 만드는 방법　041

주식류

부식류

음청류

주 류

忠清北道

제1부

전통향토음식

조사 · 발굴 및 표준화

1. 전통향토음식의 정의
2. 전통향토음식의 조사 · 발굴
3. 전통향토음식의 유형별 분류 기준
4. 전통향토음식 자료의 표준화
5. 전통향토음식의 지역성 검증
6. 고문헌을 통한 역사성 검증

제1부

전통향토음식 조사 · 발굴 및 표준화

의식주는 한 국가나 민족의 특성을 나타내는 대표적인 문화양식이다. 그 중에서도 음식문화는 쉽게 변화하지 않는 성질이 있어서 본래의 모습이 잘 보존되어 있으므로 한 민족의 문화를 파악하기에 매우 적합한 것이라 하겠다. 음식문화는 지리, 기후, 풍토 등의 자연환경과 정치 · 경제 · 사회적 환경이 복합되어 문화권마다 서로 다르게 발달해 왔다. 우리나라에서도 해안가인지, 평야지인지 혹은 큰 산맥의 존재 여부 등에 따라 지역마다 독특한 음식문화가 형성되었다. 김치를 예로 들면, 경기도 지역은 국물을 넉넉히 넣고 젓갈을 적게 넣은 시원하고 심심한 백김치를 담그고, 경상도의 내륙 지방에서는 주변에서 쉽게 구할 수 있는 젓갈과 양념을 이용해서 젓갈김치와 콩잎김치를, 전라도에서는 젓갈과 양념을 많이 넣은 갓김치 등을 담근다.

전통향토음식의 중요성을 몇 가지 살펴보면, 첫째 생물다양성 유지를 위해 전통향토음식의 다양성이 유지되어야 한다는 점이다. 즉, 음식문화는 주변에서 쉽게 구할 수 있는 재료를 이용하여 발달하기 때문에 전통향토음식이 다양하면 다양한 생물자원이 자랄 수 있는 여건이 마련되는 것이다. 음식 자체가 획일화되어 민족음식이나 전통향토음식이 줄어든다면 식품재료로 이용하는 생물자원이 줄어들어 그 지역의 생물다양성은 감소될 수밖에 없기 때문이다. 1992년에 체결된 생물다양성협약(CBD : Convention on Biological Diversity) 제8조 j항에서는 생물다양성을 보존하기 위해 전통향토음식, 의약 등의 전통지식을 관리하고 활용하도록 권장하는 조항을 만들었다.

둘째, 전통향토음식은 새로운 부가가치 자원으로 활용되고 있으며, 다른 자원과 달리 자국(自國)만이 고유하게 보유하고 있어서 차별화가 가능한 독점적인 산업화 아이템이라는 점이다. 따라서 국제적으로 전통향토음식을 산업화하려는 노력들이 이루어지고 있다. 태국의 'kitchen of the world' 프로젝트는 정부에서 자국의 전통향토음식을 세계화하기 위한 사업으로, 전 세계에 태국음식점을 2007년까지 8,500개로 확대함으로써 전통향토음식의 식품재료와 조리기구 수출,

조리사 파견 등 파급 효과를 기대하는 전통향토음식 산업화의 대표적인 예라 하겠다.

셋째, 전통향토음식은 국가 이미지 제고에 중요한 역할을 한다. 사람들은 특정 지역이나 국가를 독특한 음식과 관련지어 연상하기도 하고, 반대로 맛있는 음식을 먹을 때 특정 지역을 연상하기도 한다. 김치의 경우 세계적인 음식으로 발전하여 외국인들은 김치하면 한국을 떠올리게 된다. 또한 2006년 미국의 건강전문잡지 월간 '헬스'가 선정한 세계 5대 건강식품 중 하나로 김치가 선정된 것과 같이 김치는 우리나라의 국제적인 이미지를 높이는 데 기여하고 있다.

이처럼 중요한 의미를 갖는 전통향토음식은 최근 전 세계가 급속도로 가까워지면서 지역성·고유성이 없이 획일화되어 가는 경향을 보이고 있다. 우리의 식탁에서도 일상적으로 먹고 있는 음식의 재료나 종수가 몇 가지 품목으로 한정되어 가고 있는데, 이러한 추세가 지속되면 전통향토음식이 서서히 잊혀지고 우리 음식문화의 정체성 또한 잃어버리게 될 것이다. 따라서 전통향토음식을 만들어 먹던 세대가 현존해 있을 때 전통향토음식을 조사·발굴하고 목록화하는 일이 시급히 요청된다고 하겠다. 또한 지금까지 전통향토음식은 단순히 문화의 일부로만 여겨져 왔으며 자원으로서의 인식은 부족하였다. 그러나 오늘날의 시대적 흐름에 따라 전통향토식품(음식)은 국가의 소중한 자원으로 관리되어야 하므로 전통향토음식을 통합적으로 관리하는 방안이 모색되어야 한다. 이는 전통향토음식의 권리를 확보하고 상품성 증진 및 세계화를 위한 기반이 되며, 우리 민족이 보유한 독특한 자산을 계승·발전시키는 가장 우선적이고 필수적인 과정이라 할 것이다.

1. 전통향토음식의 정의

'예부터 전하여 온 음식' 에 관하여 전통음식, 향토음식, 민속음식, 토착음식 등의 다양한 명칭이 혼용되고 있다. 가장 많이 쓰이는 명칭은 '전통음식' 으로, 전통음식의 사전적 정의는 한 지역에 전래된 음식 중 해당 지역 사람들이 그 가치를 높이 평가하여 선호하는 음식이라는 것이며, 여기서 지역 사람들이 가치를 부여하였다고 하기 위해서는 특정 연령층, 특정 계층 등 일부의 사람들만이 아닌 지역 전체의 다수가 최소 한 세기, 100년에 걸쳐 선호된 것이어야 한다. 다수의 사람들이 3세대에 해당하는 한 세기 이상 선호하고 있다면 전통음식으로서 가치가 있다는 확고한 증거가 되기 때문이다(신애숙, 2000). 또한 쉴즈(Shils, 1992)는 전통은 최소한 3세대가 지속되어야 한다고 주장하였고, 버크(Burke, 1978)는 한 세대에서 다른 세대로 전달되는 데 적은 부분만 변하고 그 본질과 눈으로 볼 수 있는 정체가 남아 있는 것이 전통이라고 정의하였다.

한억(1996)은 전통음식이란 한국에서 대략 1세기 이전부터 일상생활, 궁중, 통과의례, 세시풍속 등을 통한 고유의 역사적 배경과 문화적 특질을 지니면서 지역 특성에 맞게 전승되어 현존하는 음식문화로서 한국인의 식생활에 유익하도록 합리적으로 재창조해 오는 음식문화의 총칭이라고 하였다. 또한 전통음식은 시간성, 공간성, 의례성, 외래성, 변형성 등의 특성을 가지고 있으며 이들이 하나의 유기적인 문화복합체로서 입체적으로 형성되고 요인 간의 상호 관련성이 복잡하게 작용하고 있다고 하였다.

전통음식 다음으로 널리 사용되는 전래음식에 대한 용어가 바로 향토음식이다. 향토음식의 경우 전통음식과 같이 다수의 주민에 의하여 한 세기 이상 선호되지는 못하였지만 특정 지역 주민에 의하여 지속적으로 선호되는 음식을 말하며(신애숙, 2000), 지역 특산물을 이용하여 그 지역의 독특한 전래 조리법에 의하여 만든, 지역 주민이 선호하는 음식이라고 정의할 수 있는데, 이 또한 고정적인 것이 아니라 시대에 따라 달라지는 것이다(두산세계대백과사전, 1999). 한억(1996)은 향토음식을 지역 특산물을 이용하여(공간성) 그 지역에서 고유하게 전승되어 온 비법으로 조리하거나(고유성) 또는 그 지역의 문화적 이벤트를 통해서 발달된 음식(의례성)이라고 하였다. 이러한 점에서 전통음식에서 강조되는 오랜 생명력을 지녀 '현존하는 과거' 로서의 시간적 개념보다는 지역 공간의 수평적 개념을 바탕으로 끊임없이 생성되고 소멸되는 과정을 거치면서 형성된 음식으로 보아야 할 것이며, 주변 지역의 음식과 분명한 차별성이 나타나는 특징이 있다고 하였다.

문헌에 정리된 향토음식의 정의를 요약해 보면 다음과 같다. 첫째, 향토음식은 그 지방에서 주로 많이 생산되는 특산물 혹은 그 지역에서 생산된 재료를 사용하여 그 지역에서 고유하게 전승되어 온 비법으로 조리하거나 또는 그 지역의 문화적 행사를 통해 발달한 음식으로, 타 지역에서는 그와 같은 음식을 쉽게 찾아 볼 수 없는 것으로 정의된다(윤숙경, 1994). 둘째, 향토음식은 타 지역에서 공급받은 재료라도 우리 지역에 적합한 조리법 또는 우리 지역 특정인의 고유한 조리법으로 만든 음식을 말한다(김복일 · 오영준, 1998). 셋째, 향토음식은 각지 어디에서나 있는 보편적인 재료라도 우리 지역의 생활형태나 기후풍토 등의 지역적 특성이 바탕이 된 특유의 조리법이나 가공기술을 이용하여 만든 음식이다. 넷째, 세시 풍속이나 통과의례 시 우리 지방에서 조상들이 만들어 유명해진 음식도 향토음식의 범주에 들어간다(진양호 외, 2001). 다섯째, 옛날부터 그 지방 행사와 관련하여 만든 음식으로 오늘날까지 전해져 오는 음식이다(윤은숙 외, 1995 ; 한국관광공사, 1993). 즉, 향토음식은 그 지방의 재료로 그 지방의 조리법으로 조리하여 타 지방과 차별화된 음식이라 할 수 있겠다(민계홍, 2003 ; 이선호 · 박영배, 2002 ; 신애숙, 2000). 또한 향토음식은 그 지방 사람들의 사고방식과 생활양식을 반영하며 각종 문화행사를 바탕으로 발달하는 특성을 지니고 있다고 하겠다(김복일 · 오영준, 1998).

위에서 전통음식과 향토음식의 개념 사이에 중복된 의미와 상호연관성이 있음을 알 수 있다. 손영진(2004)은 한국음식에 있어서 향토음식은 전통음식의 뿌리이자 모체라고 설명하였다. 한국음식의 특징은 뚜렷한 지역적 특성과 공간성, 고유성, 의례성 등 수평적 공간축 형성을 바탕으로 한 향토음식과 이러한 향토음식이 수직적 시간축 형성을 이루어 가는 전통음식을 떼어서 생각할 수 없고, 또한 전통음식에서 향토음식을 배제하여 생각할 수 없는 유기적인 관계로 파악되고 있으며, 이들은 상호 개념적으로 유사하지만 다른 측면에서는 구분된 구조를 갖고 있다. 한억(1996)에 따르면 향토음식은 전통음식의 뿌리에 해당하는 가장 기본적인 음식 형태로 오히려 새로운 문화 변동에 대한 포용성을 지닌 모체로서의 성질을 가지며, 향토음식이 점차 시간이 흐르면서 '전통'의 성질을 갖게 되어 전통향토음식이 되는 것이라고 하였다. 또한 고범석 · 강석우(2004)에 의하면 전통이라는 용어가 토속, 향토를 아우르는 상위어로 사용되는데, 예컨대 전라남도 지역만을 지칭할 경우에는 향토문화, 향토음식과 같이 향토란 단어를 쓰는 것이 적절하다. 그러나 대한민국 전체를 아우를 때는 향토가 아닌 전통이라는 표현이 맞으므로 김치를 대한민국 향토음식이라고 하지 않고 대한민국 전통음식이라 한다고 하였다. 표 1에는 이미 보고된 향토음식과 전통음식의 정의에 관하여 몇 가지를 비교 제시하였다.

앞의 내용을 정리하여 보면 향토음식은 전통음식의 뿌리요, 모체이다. 즉, 한국음식에서는 전통음식을 떼어서 생각할 수 없고 전통음식에서 향토음식을 배제하여 생각할 수 없는 유기적인 관계로 파악되며 개념적으로는 유사하나 구분되는 구조가 내재되어 있다. 향토음식이 시간적으로 일정기간(3세대, 100년)을 경과하여 역사성을 갖게 되면 전통음식으로 불리게 되므로, 미래의 전통음식이라 할 수 있는 향토음식과 현재의 전통음식을 동시에 정리하는 것이 국가자원의 관리 측면에서 유익할 것으로 생각되어 이들 모두를 포함한 개념으로 '전통향토음식'이라는 용어를 사용하고자 한다. 전통향토음식의 정의는 "향토음식이거나 전통음식(향토음식 또는 전통음식)인 것으로 우리가 계승 · 발전시켜야 할 우리의 음식"으로 설명할 수 있다.

전통향토음식으로 정의한 음식은 다음과 같은 기준에 의하여 선정하였다. 100년 이상의 전통을 가진 음식으로 지금까지 이용되어 온 음식, 혹은 과거에 이용되었으나 지금은 사라진 음식, 외국에서 도입되었으나 우리 음식으로 인지되고 있는 음식, 향토음식 등으로 한정하였다. 다만, 이와 같은 음식들 중 외래어가 사용된 음식은 제외하였고 우리의 고유 명칭으로 불려 온 음식, 고유의 조리법을 활용한 음식으로 선정하였다.

표 1 전통음식과 향토음식의 정의

전통음식	향토음식	참고문헌
한국에서 대략 1세기 이전부터 일상생활, 궁중, 통과의례, 세시풍속 등을 통한 고유의 역사적 배경과 문화적 특질을 지니면서 지역 특성에 맞게 전승되어 현존하는 음식문화로서 한국인의 식생활에 유익하도록 합리적으로 재창조해 오는 음식문화의 총칭임(시간성, 공간성, 의례성, 외래성, 변형성)	• 그 지역의 특산물을 이용하거나(공간성) 그 지역에서 고유하게 전승되어 온 비법으로 조리하거나(고유성) 또는 그 지역의 문화적 이벤트를 통해서 발달된 음식(의례성) • 시간적 개념보다는 지역 공간의 수평적 개념을 바탕으로 끊임없이 생성되고 소멸되는 과정을 거치면서 형성된 음식으로 주변 지역의 음식과 분명한 차별성이 나타나는 특징이 있음	한억, 1996
음식문화 가운데 유형적인 측면이나 무형적인 측면 중 어느 한 가지는 개화기 이전의 것이어야 함. 개화기 이전 전통사회에서 사용된 음식과 개화기 이후 외국에서 전래된 식품들이 지금까지 사용된 우리의 식품재료와 함께 섞여 만들어지거나 혹은 우리의 전통적 방법으로 조리되어 변형된 음식		김성미, 2000
지역의 특산물을 이용하여 그 지역의 독특한 조리법에 의하여 만든 지역 다수의 주민이 한 세기(3세대) 이상 선호하여 오고 있는 음식	지역특산물을 이용하여 그 지역의 독특한 전래 조리법에 의하여 만든 지역 주민이 선호하는 음식	신애숙, 2000
예부터 전하여 내려 오는 음식으로 오랫동안 한 지역에서 먹어 온 음식. 전통음식은 절기식, 시식과 통과의례 음식이 있으며, 왕실, 반가의 화려했던 궁중음식 등이 있음		한재숙 외, 2000
궁중음식, 반가음식, 민속음식으로 대별되는 음식으로 전통적으로 전해 내려 온 음식을 의미함. 조선왕조 500년 역사 속에서 꽃피어난 왕실 반가의 화려했던 궁중음식과 일반 서민의 소박한 서민음식으로 그 고장에서 특색 있게 지켜져 내려 오는 향토음식을 모두 일컬음	• 지역에서 생산되는 재료를 그 지역의 조리법으로 조리하여 과거로부터 그 지역 사람들이 먹어 온 것으로 현재에도 그 지방 사람들이 먹고 있는 것(전통음식보다 협의의 개념) • 특산재료, 지역적 특성 반영, 지역민의 문화와 연계	이효지, 2002 민계홍, 2003
향토음식이 쌓여 나가면서 전통음식으로 자리잡아가는 수직적인 시간축을 이룸(수직적 의미)	지역 특산물을 이용하거나 그 지역에서 고유하게 전승되어 온 비법으로 조리하고 또는 그 지역의 문화적 행사를 통하여 발달된 음식(지역성, 공간성, 고유성, 의례성 – 수평적 의미)	손영진, 2004
	특산물을 타 지역에서 생산된 재료로 독특한 조리법, 흔한 재료와 특유의 조리법과 차별화된 가공기술, 지방행사와 관련된 음식	이승진, 2005
	향토식품 또는 향토음식은 그 지역의 역사 · 문화적 전통이나 특색을 담고 있을 때 그 의미와 가치가 발현됨. 향토식품은 어떤 지역의 자연 · 지리적 조건, 역사적 경험, 문화적 특성이 어우러지면서 다른 지역의 식품과 구별되는 의미를 가짐	배영동, 2006

2. 전통향토음식의 조사 · 발굴

【조사대상 및 시기】

1999년부터 2005년까지 농촌진흥청 농업과학기술원 농촌자원개발연구소에서 경기, 강원, 충북, 충남, 전북, 전남, 경북, 경남, 제주 등 9개 지역을 대상으로 전통향토음식의 조사 · 발굴을 추진하였다. 조사 · 발굴과정에서 각도 농업기술원 및 시군 농업기술센터의 식생활지도를 담당하고 있는 생활지도사의 협조로 전통향토음식의 정보 수집 및 조리법 재현이 이루어졌다. 연도별 및 지역별 조사 · 발굴과정을 살펴보면, 1999년에는 경기도 지역을 대상으로 이건순 교수(당시 농촌자원개발연구소 농업연구관, 현 한국농업대학 교수)와 이효지 교수(당시 한양대학교 교수, 현 한양대학교 명예교수) 중심의 한 연구팀이 자료 조사 및 현지 조사 · 발굴을 수행하였으며, 2000년에는 강원도 지역을 대상으로 이건순 교수와 한복진 교수(당시 한림정보산업대학 교수, 현 전주대학교 교수) 중심의 한 연구팀이 자료 조사 및 현지 조사를 수행하였다. 2001년에는 충청남북도 2개도를, 2002년에는 전라북도를 대상으로 이건순 교수 연구팀이 도별 자료를 조사 · 발굴하였다. 2003~2004년까지는 김행란 농업연구관 연구팀이 전라남도와 경상북도를 대상으로 매년 1개도씩 조사 · 발굴하였고, 2005년에는 경상남도와 제주도 등 2개도를 동시에 조사 · 발굴하였다. 서울, 부산, 대구, 인천, 광주, 대전, 울산 등 특별 · 광역시의 경우 시를 포함하고 있는 도와 함께 조사하였다(예 : 서울, 인천은 경기 지역 조사에 포함).

【조사방법】

문헌을 통한 자료 수집

본 조사에 사용한 문헌으로는 전통음식 또는 향토음식에 관한 자료로, 논문 및 학회지, 단행본, 향토문화지, 전국 시군 및 농촌진흥기관에서 발간한 향토음식 책, 팸플릿, 리플릿, 인터넷 자료 등을 이용하여 자료를 수집하고 정리하였다.

설문지를 통한 자료 수집

전국 시군 농업기술센터를 통하여 전통향토음식에 관심이 있는 전문가, 일반인, 전통향토음식 관련 조직(전통음식연구회, 우리음식연구회, 향토음식연구회)과 생활개선회원 중 해당 지역 출신자를 대상으로 지역에서 먹는 일상음식, 추억의 음식, 지역의 추천음식 등을 기록하도록 하여 자료를 수집하였다.

표 2 전통향토음식 조사자료 양식

음식명		분 류			키워드	조리방법		자료 출처			비 고
음식명 1	음식명 2	대분류	중분류	소분류	키워드	재 료	만드는 법	관련 문헌	관련 시군	정보 제공자	비 고
표준어 기재	방언, 사투리					재 료	조리, 가공법	책, 논문 등	문헌 및 정보제공자 해당 시군	이름, 주소	음식의 특징 및 유래

현지답사를 통한 발굴 및 조리법 재현

자료에 의한 지역음식을 정리한 후 조리방법이 미흡하거나 발굴 필요성이 있는 음식, 잊혀져 가는 음식 등에 대하여 시군 농업기술센터의 협조를 받아 현지답사를 하였다. 현지답사는 먼저 면담 조사과정을 거친 후 문헌에 없는 것이나, 문헌에 있다고 해도 음식명만 기록된 것 또는 너무 간단하게 기록되어 재료나 만드는 방법을 정확하게 알 수 없는 것, 시각자료화가 필요한 것 등은 직접 조리하여 시연하도록 하였다. 조리 시연을 통하여 재료와 양을 계량하고 만드는 과정을 정확히 기록하였으며 사진, 슬라이드, 비디오 등으로 촬영하였다.

【자료의 정리】

모든 자료는 엑셀 프로그램(excel program)을 이용하여 표 2와 같이 정리하였다. 음식명은 1과 2로 나누어 1은 표준어로 된 음식명을 기재하였고 2는 방언(사투리)에 의한 음식명을 기재하였다. 분류는 대분류, 중분류, 소분류로 정리하였으며, 추후 검색 기능을 갖기 위하여 음식에 대한 키워드를 입력하였다. 조리방법에는 재료와 조리방법을, 자료 출처에는 관련 문헌, 관련 시군, 정보제공자 등을 기록하였고 비고에 해당음식의 특징 및 유래 등을 기록하였다.

【자료의 표준화】

정리된 자료의 표준화를 위하여 2006~2007년에 『한국의 전통향토음식』 발간을 위한 전문가위원회를 내 · 외부 전문가 13인으로 구성 · 운영하였다. 위원 중 위원장 및 지역별 전문가를 별도로 선정하였는데, 위원장은 전주대학교 서혜경 교수로 위촉하였고 지역별 전문가로서 경기 지역의 손정우 교수(배화여자대학), 강원 지역의 윤덕인 교수(관동대학교), 충청 지역의 신승미 교수(청운대학교), 경상 지역의 김상애 교수(신라대학교), 전라 및 제주 지역의 서혜경 교수(전주대학교)로 구성하였다. 2년간 6차례의 전문가위원회 협의회를 통하여 용어 정의, 분류체계 설정, 지역성 및 역사성 검증안 마련, 책자 작성방법 및 자료의 표준화 기준을 선정하였다. 이를 근거로 조사 · 발굴된 전통향토음식 자료의 표준화 기준을 정하였다.

3. 전통향토음식의 유형별 분류 기준

한국의 전통향토음식을 분류하는 기준에는 여러 가지 방안이 제시될 수 있다. 조선시대 조리서의 분류법은 주로 재료별 분류법(『음식디미방』(1670년경), 『산림경제』(1715년), 『조선요리』(1940년))과 조리기법별 분류법(『시의전서』(1800년대 말), 『조선요리제법』(1930년대), 『조선요리법』(1938년))으로 되어 있으며 『임원십육지』(1827년경)는 조리기법별 분류 속에 재료별로 정리하고 있다(이성우, 1981). 그 외 『요록』(1680년경), 『주방문』(1600년대 말), 『민천집설』(1752년, 1822년) 등은 분류항목이 없거나 세우지 않고 있다(한억, 1996).

현대에는 제조방법별 분류에 따라 발효음식, 절임음식, 건조음식 등으로, 재료에 따라 농산물, 축산물, 수산물 등으로, 지역에 따라 전통음식 470개 품목을 팔도로 나누어 분류하였다(염초애 외, 1992). 또한 한국음식을 용도별로 분류한 후 조리법의 형태로 분류하여 주식류에는 밥, 죽, 국수와 만두 및 떡국류로 분류하고 부식류에는 국 · 탕, 찌개 · 조치, 전골 · 볶음, 찜 · 선, 생채 · 나물, 조림 · 초, 구이, 적 · 전, 마른반찬, 편육 · 족 · 묵, 회 · 숙회, 장아찌, 김치, 젓갈 · 식해로 분류하고 후식류에는 차 · 화채, 떡 · 한과를 분류하기도 하였고(윤덕인, 2005 ; 이효지, 2002) 나물류를 숙채, 생채, 잡채, 기타로 구분하기도 하였다(강인희, 1987).

본 서에서 음식 분류는 윤서석(1984, 1991)의 한국음식에 대한 분류를 기준으로 하였고 강인희(1987)와 황혜성 외(2000), 이효지(2002)의 분류를 참조하였다. 대분류, 중분류, 세분류는 음식유형별로 분류하였고, 세세분류는 재료별로 분류하였다. 그 결과 대분류를 주식류, 부식류, 떡류, 과정류, 음청류, 주류 등 6항목, 중분류를 밥, 죽, 미음 · 범벅 · 응이 등 55항목, 세분류를 43항목, 세세분류를 119항목으로 나누었다. 본 서의 수록방법은 주식류, 부식류, 과정류는 중분류를 기준으로 작성하였고, 떡류, 음청류, 주류는 대분류를 기준으로 작성하였다. 다만, 부식류 중 나물류에 한하여 세분류까지 나누어 표기하였다. 표 3에 음식유형별 분류표를 제시하였고, 표 4에 분류에 대한 정의를 나타냈다.

표 3 음식유형별 분류표

대분류	중분류	세분류	세세분류
주식류	밥		쌀밥, 잡곡 및 견과류밥, 채소밥, 해조류밥, 비빔밥, 기타
	죽		쌀죽, 쌀과 기타 곡류 및 견과류를 섞어 쑨 죽, 육류죽, 어패류죽, 채소죽, 약재죽, 기타죽
	미음 · 범벅 · 응이	미음, 범벅, 응이	
	국수 · 수제비	국수, 수제비	
	만 두		
	떡 국		
	기 타		
부식류	국	맑은국	육류, 어패류, 채소류, 해조류, 알류, 기타
		토장국	육류, 어패류, 채소류, 해조류, 기타
		곰국	육류, 어패류, 기타
		냉국	육류, 어패류, 채소류, 기타
	찌개 · 전골	찌개	육류, 어패류, 채소류, 기타
		전골	육류, 어패류, 채소류, 기타
	김 치		배추류, 무류, 기타 엽채류, 기타 근채류, 과채류, 해조류, 기타
	나 물	생채, 숙채, 기타	
	구 이		육류, 어패류, 채소류, 기타
	조림 · 지짐이	조림	육류, 어패류, 채소류, 기타
		지짐이	육류, 어패류, 채소류, 기타
	볶음 · 초		육류, 어패류, 채소류, 해조류, 곡류 및 두류, 기타
	전 · 적	전	육류, 어패류, 채소류, 해조류, 기타
		누름적 (산적)	육류, 어패류, 채소류, 해조류, 기타
	찜 · 선	찜	육류, 어패류, 채소류, 알류, 기타
		선	어패류, 채소류, 기타
	회	생회	육류, 어패류, 해조류, 기타
		숙회	어패류, 채소류, 해조류, 기타
		초회	어패류, 채소류, 해조류, 기타
		무침	어패류, 채소류, 해조류, 기타
		강회	어패류, 채소류, 해조류, 기타
		물회	어패류, 기타
	마른반찬	부각	채소류, 해조류, 기타
		자반	어패류, 해조류, 기타
		튀각	해조류, 기타
		포	육류, 어패류
	순대 · 편육 · 족편	순대, 편육, 족편	
	묵 · 두부	묵, 두부	
	쌈	생쌈, 숙쌈	

대분류	중분류	세분류	세세분류
부식류	장아찌		소금물에 담근 것, 간장에 담근 것, 된장에 담근 것, 고추장에 담근 것, 기타
	젓갈 · 식해	젓갈, 식해	
	장	된장류, 고추장류, 간장류, 기타류	
	식 초		
	기 타		
떡 류	찐 떡		
	친 떡		
	지진 떡		
	삶은 떡(경단류)		
	기 타		
과정류	유밀과		
	유 과		
	다 식		
	정 과		
	과 편		
	숙실과		
	엿강정		
	당(엿)		
	기 타		
음청류	차		
	탕		
	장		
	갈 수		
	숙 수		
	화 채		
	미 수		
	식 혜		
	수정과		
	즙		
	수 단		
	기 타		
주 류	약주 · 탁주		
	증류주		
	기 타		

표 4 음식분류에 대한 정의

대분류	중분류	정 의
주식류	밥	곡물에 물을 약 1.2~1.5배 붓고 가열하여 전분이 호화상태로 되게 만든 음식으로 쌀만을 이용한 밥이 대표적임. 쌀에 잡곡 또는 견과류를 넣어 짓는 잡곡 및 견과류밥, 채소류를 넣어 짓는 채소밥, 해조류를 넣어 짓는 해조류밥, 밥을 지은 후 다양한 식품 재료를 섞는 비빔밥 등으로 구분됨
	죽	쌀, 보리, 조 등에 물을 6~7배 가량 붓고, 오래 끓여서 쌀알의 전분이 완전 호화되게 한 유동식 상태의 음식. 쌀만을 이용한 죽, 쌀에 기타 곡류와 견과류를 섞어 쑨 죽, 육류를 섞어 쑨 죽, 어패류를 섞어 쑨 죽, 채소를 섞어 쑨 죽, 약재를 섞어 쑨 죽 등으로 구분되며 기타 죽으로 유제품을 섞어 쑨 죽 등이 있음
	미음 · 범벅 · 응이	• 미음 : 곡류에 물을 많이 붓고(10배 이상) 푹 고아서 체에 밭쳐 국물만 마시는 유동식 • 범벅 : 옥수수, 호박, 감자 등을 주재료로 하고, 팥이나 콩을 함께 넣어 익혀서 먹거나 또는 곡식가루를 넣어 쑨 음식 • 응이 : 곡물을 갈아서 앙금을 만들어 말려 두었다가 이것을 이용하여 쑨 죽. 주로 오미자나 향미식품 즙액을 섞어서 충분하게 가열하여 걸죽하게 만든 것으로 유동식의 하나임. 의이(薏苡)라고도 함
	국수 · 수제비	• 국수 : 메밀가루, 밀가루, 감자가루 등을 주재료로 하여 반죽한 후 면대를 만들어 가늘게 썰거나, 반죽을 국수틀에 넣어 가늘게 뽑은 후 국물에 말거나 또는 비벼 먹는 음식. 국수의 종류는 재료별로 녹말국수, 메밀국수, 밀국수 등이 있고, 조리법에 따라 국수장국(온면), 냉면, 비빔국수(골동면), 칼국수, 제물국수, 건진국수 등이 있음 • 수제비 : 밀가루 반죽을 국수보다 질게 하여, 맑은장국에 손으로 자연스러운 모양으로 얇고 편편하게 떠 넣어 끓인 것. 장국으로는 고기맑은장국, 멸치맑은장국 등이 쓰이며, 지역에 따라 닭을 고아 끓인 미역국에 넣어 끓이기도 함
	만 두	밀가루, 메밀가루 또는 채소(배추, 동아), 얇게 저민 생선살을 껍질로 하고, 쇠고기, 닭고기, 두부, 숙주 등의 소를 넣고 빚은 음식. 조리법은 삶거나, 찌거나, 지지기도 하고, 끓는 육수나 장국 등에 넣어 끓이기도 함. 만두를 싸는 재료와 소의 재료, 빚는 모양에 따라 구분되어 불림
	떡 국	쌀가루를 쪄서 절구에 친 후 가래를 지은 것을 흰떡이라고 하며, 이것을 타원형으로 어슷하고 얇게 썰어 국물에 넣어 끓인 음식. 예전에는 떡국을 끓일 때 국물 재료로 꿩고기를 사용하였으나, 지금은 쇠고기나 닭고기를 사용하고 지역에 따라 굴, 멸치 등의 해산물을 이용하기도 함. 웃고명으로는 고기 볶은 것, 달걀지단, 파 등을 얹음. 개성 지방에서는 떡을 조랭이떡으로 빚어서 조랭이떡국을 끓임
	기 타	주식류에 포함되지만 위의 어느 중분류에도 속하지 않는 음식
부식류	국	육류, 어패류, 채소류, 해조류 등에 물을 넣어 끓임으로써 국물에 재료의 맛이 우러나도록 조리한 것. 조리방법에 따라 맑은장국, 토장국, 곰국 및 탕, 냉국 등으로 나눌 수 있음 • 맑은장국 : 물이나 양지머리국물(육수)에 맑은 국간장으로 간을 맞추어 여러 가지 건더기를 넣고 끓인 국 • 토장국 : 쌀뜨물에 된장이나 고추장으로 간을 맞추어 여러 가지 건더기를 넣고 끓인 국 • 곰국 : 육류의 여러 부위를 푹 고아서 소금으로 간을 맞춘 국 • 냉국 : 끓여서 차게 식힌 물에 맑은 국간장으로 간을 맞추어 끓이지 않고 날로 먹을 수 있는 건더기를 넣어 차게 해서 먹는 국
	찌개 · 전골	• 찌개 : 일명 조치. 국보다 국물을 적게 끓인 국물음식으로서 건더기와 국물을 반반 정도로 끓이는 음식. 간은 국보다 좀 센 편이고, 간을 맞추는 주재료에 따라 된장찌개, 고추장찌개, 젓국찌개 등으로 나뉨 • 전골 : 육류, 어패류, 채소류 등을 색 맞추어 담고 육수를 부어 즉석에서 끓이는 음식
	김 치	채소류와 해조류를 소금에 절이고 고추, 파, 마늘, 생강 등의 갖은 양념과 젓갈을 넣어 버무려 발효시킨 음식. 김치류는 주재료에 따라 배추, 무, 엽채류, 근채류, 과채류, 해조류 등을 이용한 김치로 분류됨

대분류	중분류	정 의
부식류	나 물	• 생채 : 채소를 날것대로, 혹은 소금에 절여 양념에 무친 것, 무치는 양념에 따라 고춧가루, 간장, 참기름, 다진 파, 마늘, 설탕, 식초 등으로 무친 것, 초간장에 무친 것, 겨자즙에 무친 것, 호두나 실백즙에 무친 것 등으로 나뉨 • 숙채 : 채소를 데쳐서 양념에 무치거나, 식용유에 볶으면서 양념을 한 것으로 나뉨 • 기타 : 생채와 숙채에 속하지 않는 음식으로 육류와 채소 등 여러 가지 재료를 섞어서 만드는 잡채, 탕평채 등의 음식
	구 이	육류, 어패류나 더덕과 같은 식물성 식품 재료에 소금간 또는 갖은 양념을 하여 불에 구운 음식으로 너비아니, 생선구이, 더덕구이 등이 있음
	조림 · 지짐이	• 조림 : 육류, 어패류, 채소류 등의 재료에 간을 약간 세게 하여 재료에 간이 충분히 스며들도록 약한 불에서 오래 익히는 음식. 조림의 간은 주로 간장으로 하나 고등어, 꽁치같이 살이 붉고 비린내가 강한 생선은 간장에 된장, 고추장을 섞어서 조림 • 지짐이 : 지짐이는 찌개와 조림의 중간쯤에 놓일 수 있는 음식으로서 찌개보다는 국물이 적고 조림보다는 국물이 많게 조리한 음식임. 대체로 일반 어패류가 많이 쓰이며, 때로 전을 부친 것에 국물을 조금 넣고 지짐 음식으로 하는 경우도 있음
	볶음 · 초	• 볶음 : 육류, 어패류, 채소류, 해조류, 곡류 및 두류 등을 손질하여 기름에 볶은 음식의 총칭. 볶음음식은 대체로 200℃ 이상의 고온에서 재료를 볶아야 물기가 흐르지 않으며, 기름에만 볶는 것과 볶다가 간장, 설탕 등으로 조미하는 것 등이 있음 • 초 : 볶음음식의 하나로서 전복초, 홍합초와 같이 간장, 설탕, 기름으로 국물이 없게 바싹 조린 음식
	전 · 누름적 (산적)	• 전 : 육류, 어패류, 채소류, 해조류 등의 재료를 다지거나 얇게 저며서 소금, 후춧가루로 간을 하고 밀가루를 바른 다음 달걀을 씌워 양면을 기름에 지진 음식. 전유어, 전유화, 저냐라고도 함 • 누름적(산적) : 육류, 어패류, 채소류, 해조류를 가늘고(1cm 정도), 길게(8~10cm 정도) 잘라서 꼬챙이에 색을 맞추어 꿰어 밀가루를 묻히고 달걀을 풀어 씌워 프라이팬에서 전 부치듯이 지진 음식의 총칭임. 밀가루 갠 것만 묻혀서 부치는 경우도 있고, 간을 소금 대신 장류로 하는 경우도 있음. 일명 누르미라고도 함
	찜 · 선	• 찜 : 재료를 큼직하게 썰어 갖은 양념을 하여 물을 붓고 오랫동안 끓여서 푹 익혀 재료의 맛이 충분히 우러나고 약간의 국물이 어울리도록 한 음식임. 주로 육류와 어패류 등 동물성 식품을 주재료로 하고 채소류, 알류 등을 부재료로 함. 김을 올려서 찌거나 또는 중탕으로 익히기도 하고, 수증기와 관계없이 그냥 즙이 바특하게 남을 정도까지 삶아서 익히는 방법도 있음 • 선 : 오이, 가지, 호박, 두부와 같은 재료에 소를 넣고 살짝 쪄서 초간장에 찍어 먹는 음식
	회	• 생회 : 육류, 어패류, 해조류를 날것으로 먹는 음식으로 재료를 얇게 포 뜨거나 가늘게 썰어 초고추장, 겨자장 또는 소금, 후춧가루에 찍어 먹는 음식 • 숙회 : 어패류, 채소류, 해조류를 살짝 익혀 만든 회음식 • 초회 : 어패류, 채소류, 해조류 등을 식초와 간장(또는 소금)으로 살짝 간을 하여 만든 회음식 • 무침 : 어패류, 채소류, 해조류 등을 고추장이나 양념에 무친 회음식 • 강회 : 회의 재료를 미나리, 실파 등의 가는 채소류로 예쁘게 말아 초고추장에 찍어 먹는 음식 • 물회 : 생선을 날로 잘게 썰어서 파, 마늘, 고춧가루 등의 양념과 함께 버무린 후 물을 부어서 만든 음식
	마른반찬	육류, 어패류, 채소류, 해조류 등을 소금에 절이거나, 또는 장이나 찹쌀풀을 발라 말려 저장해 두었다가 튀기거나 조리거나 무친 밑반찬용의 음식 • 부각 : 채소류와 어패류에 걸쭉하게 쑨 찹쌀풀을 발라 말려 두었다가 기름에 튀긴 음식 • 자반 : 어패류와 해조류를 간이 세게 절여서 저장해 두었다가 이용한 음식 • 튀각 : 주로 해조류 등의 재료에 아무것도 바르지 않고 잘라 끓는 기름에 튀긴 음식 • 포 : 육류와 어패류를 양념하여 얇게 펴서 말린 음식

대분류	중분류	정 의
부식류	순대 · 편육 · 족편	• 순대 : 돼지피와 찹쌀, 데친 숙주, 배추우거지 등을 섞어 갖은 양념을 한 후 돼지 창자 속에 꼭 차게 집어 넣고 실로 양끝을 잡아맨 후 찐 음식 • 편육 : 소의 양지머리, 사태 또는 돼지고기 등을 삶아 익혀서 차게 눌렀다가 얇게 저며 쓰는 고기음식 • 족편 : 쇠머리, 쇠족, 사태육, 양지 등을 푹 고아 석이채, 알고명, 실고추를 뿌려 식혀서 묵처럼 엉기게 한 음식
	묵 · 두부	• 묵 : 메밀, 녹두, 도토리, 칡 등의 전분가루에 물을 넣고 풀 쑤듯 쑤어 식혀서 엉기게 한 음식 • 두부 : 콩을 물에 담갔다가 갈아 그 액을 가열하여 비지를 짜 내고 간수(응고제)를 첨가하여 굳힌 음식
	쌈	채소류와 해조류로 밥과 반찬을 함께 싸서 먹는 음식. 쌈에는 재료를 생으로 쓰는 것(생쌈)과 데쳐서 쓰는 것(숙쌈)으로 나뉨
	장아찌	주로 채소류를 소금물, 간장, 된장, 고추장 속에 넣어 삭혀 만든 음식으로, 각종 육류, 어류도 살짝 익혀 된장, 고추장 속에 넣어 만들기도 함
	젓갈 · 식해	어패류의 염장식품으로 숙성 중 자체 효소에 의한 소화작용과 약간의 발효작용이 있고 반찬음식이나 조미용 식품으로 쓰이고 있음. 젓갈의 담금법으로는 소금에만 절인 것, 소금과 술에 절인 것, 기름이나 천초 등 향미를 섞어서 담근 것, 소금과 누룩에 담근 것, 소금과 엿기름과 찹쌀밥 등을 섞어 담근 것 등으로 크게 나눌 수 있음. 각종 육류를 어패류에 섞어서 담근 어육장도 있음 • 젓갈 : 어패류의 살, 내장, 알 등을 20%의 소금으로 절여 자체 내의 자가분해 효소와 미생물에 의해 발효시킨 음식 • 식해 : 소금에 절인 생선살에 밥(조밥, 쌀밥), 무채, 고춧가루, 기타 양념 등을 함께 섞어 발효시킨 음식
	장	콩으로 메주를 쑤어 띄워 담근 간장, 된장, 고추장이 기본장이며, 이외에 계절에 따라 별미로 담는 속성장이 있음
	식 초	신맛을 갖는 대표적인 조미료로 곡물이나 과일을 초산 발효시켜 만든 음식
	기 타	부식류에 포함되지만 위의 어느 중분류에도 속하지 않는 음식
떡 류	찐 떡	일명 시루떡으로 곡물가루와 고명을 시루에 켜켜로 안쳐 쪄서 만드는 떡
	친 떡	곡물로 밥을 짓거나, 곡물가루를 시루에 찐 다음, 절구에 놓고 쳐서 만드는 떡
	지진 떡	곡물가루를 반죽하여 모양을 만들어 프라이팬에서 기름으로 지지는 떡
	삶은 떡	경단류로 곡물가루를 반죽하여 모양을 만들어 삶아 건져 고물을 묻히는 떡
	기 타	떡류에 포함되지만 위의 어느 중분류에도 속하지 않는 음식
과정류	유밀과	밀가루에 꿀, 기름을 넣고 반죽한 것으로 모양을 만들어 기름에 튀겨 낸 다음 즙청한 음식
	유 과	찹쌀가루에 콩물 또는 술을 넣어 반죽하여 쪄 낸 것을 꽈리지게 치댄 후 얇게 밀어 말렸다가 기름에 튀겨 내어 당액과 고물을 묻힌 음식
	다 식	곡물가루, 약재가루, 견과류, 종실류, 꽃가루 등을 꿀에 반죽하여 다식판에 찍어 낸 음식
	정 과	식물의 뿌리, 줄기, 열매 등을 통째로 또는 썰어서 날것 그대로 삶아서 꿀이나 설탕에 졸인 음식
	과 편	신맛이 나는 과일의 즙을 내어 설탕을 넣고 졸이다가 녹말을 넣어 엉기도록 하여 그릇에 쏟아 식힌 다음 편으로 썬 음식
	숙실과	과일이나 식물의 뿌리를 익혀서 다지거나, 익혀서 가루 내어 꿀을 넣고 반죽하여 다시 원래의 모양으로 빚어서 잣가루를 묻힌 것을 난(卵)이라 함. 또한 과일의 모양 그대로를 꿀에 졸여 계핏가루와 잣가루를 묻힌 것을 초(炒)라 함

대분류	중분류	정 의
과정류	엿강정	엿물이나 조청, 꿀, 설탕시럽에 콩이나 깨, 또는 견과류를 넣고 섞어서 반대기를 지어 편으로 썬 음식
	당(엿)	쌀, 찹쌀, 수수, 고구마 등 전분식품에 엿기름을 섞어 당화시켜 졸인 음식
	기 타	과정류에 포함되지만 위의 어느 중분류에도 속하지 않는 음식
음청류	차	각종 약재, 과일, 차잎 등의 재료들을 가루 내거나 말려서, 또는 얇게 썰어 꿀이나 설탕에 재웠다가 끓는 물에 타거나 직접 물에 넣어서 끓여 마시는 음료
	탕	꽃이나 과일 말린 것을 물에 담그거나 끓여 마시는 것과 한약재를 가루 내어 끓이거나 오랫동안 졸였다가 고를 만들어 저장해 두고 타서 마시는 음료
	장	향약, 과실 등을 꿀, 설탕, 녹말을 푼 물에 침지하여 숙성시켜서 약간 시게 하여 마시는 음료
	갈 수	농축된 과일즙에 한약재를 가루 내어 혼합하여 달이거나 한약재에 곡물, 누룩 등을 넣어 꿀과 함께 달여 마시는 음료
	숙 수	향약을 물에 넣어 달여 꿀에 타서 마시는 것으로 조선시대부터는 숭늉을 숙수라 함
	화 채	과일과 꽃을 여러 형태로 썰어서 꿀이나 설탕에 재우거나 그대로 오미자국물이나 설탕물, 꿀물에 띄워 마시는 음료
	미 수	여러 종류의 곡류를 쪄서 볶은 후 곱게 가루 내어 냉수나 꿀물 또는 설탕물에 타서 마시는 음료
	식 혜	엿기름가루를 우려 낸 물에 밥(찹쌀밥 또는 멥쌀밥)을 넣어 일정한 온도와 시간 동안 삭혀서 만든 음료
	수정과	생강과 계피 등을 달인 물에 단맛을 내도록 꿀이나 설탕을 넣고 곶감을 넣은 음료
	즙	과일, 채소, 향약을 잘게 썰어서 즙을 낸 음료
	수 단	곡물을 그대로 삶거나 또는 가루 내어 흰떡 모양으로 빚어서 썬 다음 전분을 묻혀 삶아 내고 꿀물에 타거나 띄워서 마시는 음료
	기 타	음청류에 포함되지만 위의 어느 중분류에도 속하지 않는 음식
주 류	약주 · 탁주	곡물을 주재료로 하고 초근목피과실(草根木皮果實) 등의 부재료를 첨가하여 발효시켜 알코올 성분이 있게 만든 음료. 용수를 박아 맑은 술을 떠 낸 것을 약주, 맑은 술을 떠내지 않고 그대로 걸러 짠 술을 탁주라 함
	증류주	곡류와 초근목피과실(草根木皮果實) 등으로 발효시킨 술을 다시 증류하여 알코올 성분을 많이 함유하게 한 술(소주 등)
	기 타	주류에 포함되지만 위의 어느 중분류에도 속하지 않는 음식

4. 전통향토음식 자료의 표준화

【음식명 표기】

① 표준어와 방언 중복 기록 : 표준어명(방언명)

② 조리법이 유사하나 다른 음식명이 기록된 경우

예) 매생이탕 - 매생이국은 매생이국(매생이탕)으로 표기하고 통합 정리

감자밥 – 통감자밥은 감자밥으로 통합하고 감자밥에서 통감자밥 언급

③ 음식명이 같으나 조리법이 다른 경우
예) 매생이국 '방법 1', '방법 2' 등으로 표기

④ 나물, 생선 등을 이용한 음식의 표기
- 산나물밥, 나물무침 : 음식명에 산나물밥을 표기하고 참고사항에 "사용할 수 있는 산나물은 고사리, 취나물 등이 있다"로 설명함
- 나물명을 표기 가능한 것은 참나물, 고사리나물 등으로 정확히 표기
- 매운탕, 생선매운탕 : 어종을 표기하든가, 하단에 민어, 우럭 등을 사용한다고 설명

⑤ 곤지암소머리국밥, 백암순대 등 지명이 붙은 음식명 그대로 표기 : 지명이 붙은 음식은 '참고사항'에 그 음식의 유래 설명

【재료의 분량 표기】

① 가능한 한 기본 4인분, 부식류 중 김치, 장아찌, 젓갈 · 식해, 장, 떡류, 과정류, 주류 등 일반적으로 대량 조리하는 음식은 대량 조리가 가능한 분량으로 표기하였음
- CGS 단위를 사용하되 소비자가 알기 쉽도록 개, 컵 등 중복 표현
  예) 대파 20g(1뿌리), 감자 100g(1개)
- 주 · 부재료는 CGS 단위, 양념류는 컵, 큰술, 작은술 사용

② 재료 표기 순서 : 주재료, 부재료, 양념순으로 하고 필요시 양념장의 재료는 별도 표기

※ 실험조리 및 현지 조리법을 재현한 품목 이외의 일부 음식에 대한 재료의 분량은 표기가 불가능하였음

【재료, 만드는 방법 표기】

① 작성방법 : 기준서를 따라 작성하되 세부사항은 전문가 위원회에서 검토

※ 기준서 : 신승미 외, 한국 전통음식 전문가들이 재현한 우리 고유의 상차림, 교문사, 2005

② 재료 및 만드는 법 등을 표준어로 표기 : 방언(사투리)은 '참고사항' 부분에 별도 기록

③ 조리과정을 과학적으로 설명하기 위해 ( ) 안에 세부 설명을 제시 : 송송 썰기(0.5cm 길이), 납작썰기(2×1×0.3cm) 등

【출처 및 정보제공자 표기】

① 책자 : 저자, 서명, 출판사, 발행년도(발행년도의 오름차순으로 입력)

② 논문 : 저자, 논문제목, 학회지명, 권호, 연도(발행년도의 오름차순으로 입력)

③ 정보제공자 및 조리시연자 : 이름, 주소, 주소의 경우 동 또는 리까지만 표기, 이하의 주소 및 전화번호 삭제(이름의 가나다순으로 입력)

【조리방법 설정】

① 현지조사 및 조리법 재현 자료
② 농촌진흥청 농업과학기술원 농촌자원개발연구소의 조리 실험에 의한 조리방법 : 농촌 식생활 향상을 위한 식생활 평가 시스템 개발연구 보고서(농촌진흥청, 2000)
③『소비자가 알기 쉬운 식품영양가표』 인용(농촌진흥청 농촌생활연구소(현 농촌자원개발연구소), 2002)
④ 참고문헌에 의한 설정(출처 반드시 기록)
⑤ 식품교환표(한국영양학회, 2000),『사진으로 보는 음식의 눈대중량』(대한영양사협회 · 삼성서울병원, 1999) 참고한 조리방법 설정
⑥ 조리방법 설정이 불가능할 경우 재료명만 쓰기

표 5 재료, 만드는 법 용어 표기방법

	일반적 표기법	통일된 표기법
분량 및 기구	C	컵
	Ts, T	큰술
	ts, t	작은술
	번철, 후라이팬, 프라이팬	팬
	남비	냄비
	1과 ½컵, 1 1/2컵	1½컵
	되, 말, 홉, 짝	g, mL(컵)
재 료	건고추	마른고추
	검정콩, 흑태	검은콩
	계란	달걀
	계피가루, 계피	계핏가루, 통계피
	고추 가루, 고추가루	고춧가루
	꼬지, 꼬챙이	꼬치
	녹말가루	전분
	다대기	다진 양념
	다시물, 맛국물, 고기국물	장국국물, 육수
	돈육	돼지고기
	들깻잎	깻잎
	메주가루	메줏가루
	면보, 베보자기	면포
	무우	무
	밥물	밥짓는 물
	소고기	쇠고기
	양념용 깨	깨소금, 통깨
	양념으로 사용하는 마늘, 파, 생강	다진 마늘, 다진 파, 다진 생강
	양념이 아닌 마늘	마늘, 통마늘

	일반적 표기법	통일된 표기법
재 료	양조간장, 진간장, 왜간장, 간장	간장
	청장, 집간장, 조선간장	국간장
	적당량, 적정량	적량
	조금, 소량	약간
	집청액, 시럽	즙청액
	청고추	풋고추
	콩기름, 기름, 튀김기름	식용유
	파	대파, 쪽파, 실파
	표고, 마른 표고버섯	표고버섯, 건표고버섯
	호박	애호박, 단호박, 늙은 호박
	홍고추	붉은 고추
	황율	황률(말린 밤)
	황 · 백지단, 황백색지단	황백지단
	후추	후춧가루, 통후추
만드는 법	파, 마늘, 풋고추, 생강 다지는 과정은 문장에서 삭제	재료에 다진 파, 다진 마늘 등으로 표기
	~을 곁들여 낸다. ~을 담아 낸다.	곁들인다.
	~을 졸인다.	~을 조린다.
	서술형으로 표현된 것	1, 2, 3 등으로 간결하게 표현

표 6 썰기 표현의 표기방법

썰기방법			규격(길이×폭×두께)	이용되는 음식
깎 기	돌려 깎기		5cm 길이	호박, 오이 등
	둥글려 깎기		밤톨 크기	감자, 당근, 무 등
썰 기	채 썰기	아주 가는 채	5×0.1×0.1cm	구절판 등
		가는 채	5×0.2×0.2cm	무생채, 도라지생채 등
		굵은 채	5×0.3×0.3cm	잡채 등
	나박썰기		2.5×2.5×0.2(0.3)cm	나박김치, 무국 등
	깍둑썰기		사방 2cm	깍두기 등
	직사각형 썰기		5×1×0.3cm	겨자채, 무숙장아찌 등
	마름모 모양 썰기		폭 2cm	지단, 미나리초대 등
	원형 썰기		0.2~0.3cm	오이생채 등
	반달썰기		0.4~0.5cm	된장찌개, 생선찌개의 부재료 등
	은행잎 모양 썰기		재료를 십자로 4등분	조림음식 등의 고명
	어슷썰기		0.3cm	대파, 고추 등
	편 썰기		0.2~0.3cm	홍합초의 생강 등
다지기	다지기		사방 0.1cm	마늘, 파 양념 다지기 등
	굵게 다지기		사방 0.2~0.3cm	고추, 파 등

자료 : 홍진숙 외, 기초한국음식, 교문사, 2007

5. 전통향토음식의 지역성 검증

1999~2005년까지 농촌자원개발연구소에서 조사 · 발굴한 전국 9개도 1만 4,308종의 음식자료의 지역성 검증 및 『한국의 전통향토음식』 발간을 위한 전문가위원회를 구성하였다. 전문가위원 중 지역성 검증을 위한 지역별 전문가 5명을 별도로 선정하였는데, 경기 지역의 검증위원에 손정우 교수(배화여자대학), 강원 지역의 검증위원에 윤덕인 교수(관동대학교), 충청 지역의 검증위원에 신승미 교수(청운대학교), 경상 지역의 검증위원에 김상애 교수(신라대학교), 전라 및 제주 지역의 검증위원에 서혜경 교수(전주대학교)로 구성하였다. 지역성 검증을 위한 전문가는 우리나라 전통음식 또는 향토음식에 조예가 깊고 조리 또는 향토음식과 관련하여 연구실적을 발표해 온 교수들로 선정하였다. 2006~2007년까지 6차례의 전문가협의회를 통하여 각 지역별 전통향토음식의 지역성 검증에 관한 절차와 방법을 논의하였고, 이를 바탕으로 해당 지역 지역성 검증위원이 해당 지역의 음식인지 여부를 검토하였다.

전문가협의회를 통해 지역성 검증을 위한 지역 구분은 행정구역상 구분을 따르기로 결정하였고, 그에 따라 검증 지역을 서울 · 인천 · 경기 지역, 강원 지역, 충북 지역, 대전 · 충남 지역, 전북 지역, 광주 · 전남 지역 , 대구 · 경북 지역, 부산 · 울산 · 경남 지역, 제주 지역 등 9개 지역으로 나누었다. 조사 · 발굴된 전통향토음식 중 각 지역음식에 포함될 음식의 1차적 기준을 설정하였다. 음식명이 우리나라 고유 언어로 불린 음식으로 한정하여 카레나 케첩 등은 제외하였고 조리법에서도 우리나라 고유의 조리법을 활용한 음식으로 한정하였다. 식품재료 사용에서도 우리나라에서 1970년 이전(수입농산물이 급격히 증가하기 전)에 사용해 온 것으로 한정하여 현대에 이르러 새롭게 식품재료로 활용되고 있는 흑미 등으로 조리된 음식은 제외하였다. 또한 전체적으로 '재료', '조리법', '음식명' 에서 우리 고유의 음식 특색이 없는 것은 제외하였다. 지역성 검증 작업을 진행하면서 몇 번의 협의와 수정을 거쳐 최종적으로 지역성 검증 기준을 다음과 같이 마련하였다.

첫째, 해당 지역의 특산물을 이용한 음식이어야 한다. 여기서 '해당 지역의 특산물' 이라 함은 그 지역에서 최소한 1970년대 이전부터 많이 재배되어 오는 농수산물을 말하며, 최근에 이르러 많이 재배되거나 전략적인 특산물로 홍보되는 작물은 제외하였다.

둘째, 해당 지역의 독특한 조리법에 의하여 만들어진 음식이어야 한다. '미역국' 이라도 다른 지역과 차별되는 그 지역만의 독특한 조리법이나 재료를 사용하면 그 지역의 음식으로 간주하였다.

셋째, 그 지역 주민이 선호하는 음식이어야 한다. 오래 전부터 그 지역 주민들이 즐겨 먹어 온 음식이어야 하고, 예전에는 먹지 않았으나 교통 · 통신수단의 발달로 타 지역에서 유입된 후 현대에 이르러 많이 먹는 음식은 제외하였다.

넷째, 그 지역의 환경과 관련성을 가진 음식이어야 한다. 그 지역의 독특한 자연환경, 생활상, 문화 등과 관련성이 있는 음식은 지역음식으로 간주하였다.

다섯째, 학술지나 고문헌, 각 지역에서 발간된 향토음식 관련 책자 등에서 그 지역음식으로 검증된 음식이어야 한다. 학술지나 고문헌, 향토음식 관련 책자 등에서 학술적으로 검증된 자료를 인용할 경우 반드시 문헌명과 출처를 제시하여야 한다.

이와 같이 다섯 가지로 지역성 검증 기준을 마련하였고, 이 다섯 가지 중 어느 한 조건이라도 만족하는 경우 그 지역의 음식으로 간주하였다. 이러한 검증 작업의 결과 최초의 조사 · 발굴된 1만 4,308종의 음식자료에서 최종적으로 3,300여 종의 음식이 지역음식으로 선정되었다.

6. 고문헌을 통한 역사성 검증

본 서에 실린 상용음식의 역사성 검증은 장혜진 · 이효지 연구(1989)의 고문헌 고찰방법을 채택하였다. 고문헌 고찰을 하기 위해서는 가장 먼저 고찰할 문헌들을 결정해야 하므로 문헌 선택을 위한 몇 가지 기준을 정하였다. 첫째, 조선시대 이후에 출간된 조리서나 식품에 관련된 문헌을 대상으로 하였다. 쉴즈(Shils, 1981)에 의하면 어떤 신념이나 행위모형이 '전통'이 되기 위해서는 적어도 2번의 전승과 3세대의 간격이 필요하다고 하였다. 여기서 2번의 전승과 3세대의 간격이란 최소한 100년 동안의 전승이 있어야 한다는 의미이며, 조선시대의 고조리서에 등장한 음식이라면 이러한 100년 전승의 조건을 충분히 만족하는 것으로 판단하였다. 또한 조선시대는 농경을 중시하여 곡식과 채소의 생산이 늘어났고 그에 따라 식생활 문화가 발달하여 반가에서 음식 만드는 조리서들이 쓰여지기 시작하였다. 따라서 조선시대에 등장한 고조리서 고찰은 본 책자에 실린 음식들의 역사성을 검증하는 작업에 충분한 것으로 사료된다.

문헌을 선정하는 두 번째 기준으로 작업의 편이성을 위하여 한글 번역이 되어 있는 고조리서로 선정하였다. 만약 한글 번역이 되어 있지 않았는데, 내용상 고찰이 필요한 고조리서의 경우에는 그 고조리서를 분석한 학술논문 고찰로 대신하였다. 『도문대작』, 『주방문』, 『음식법』, 『부인필지』 등이 이에 해당한다.

세 번째로 조선 전기부터 일제시대까지 전체를 아우를 수 있게 약 50~100년 간격으로 문헌이 출간된 시점을 고려하였다. 역사성 검증을 위해 선정된 문헌은 표 7에, 학술논문은 표 8에 정리하였다. 선정된 각 문헌의 내용과 특징을 간략히 살펴보면 다음과 같다.

산가요록(山家要錄)

1449년 전순의가 지은 종합농서로서 식품 부분에 있어서는 우리나라에서 가장 오래된 최초의 식품서적으로서의 가치가 있다. 책의 내용은 양잠, 종상(種桑), 과수, 죽목(竹木), 채소, 염료작물, 가축 등의 농업 부분과 주류, 장류, 식초류, 침채류, 과일 · 채소류 저장, 어육류 저장, 동절양채, 죽류, 병과류, 국수 · 만두류, 과정류, 좌반류, 식해류, 기타 조리법 등의 식품 부분으로 나누어 만드는 법을 설명하고 있으며 이와 함께 옷 만들기 길한 날과 여러 가지 염색방법에 대해서도 기록하고 있다. 식품 부분은 중국농서를 참고하지 않아 그 시대의 전통적인 한국 고유의 식품을 기록하였다고 생각되고, 식품 부분이 180항목 내외로 그 내용이 다양하고 풍부한 특징이 있다.

표 7 역사성 검증을 위해 선정된 문헌

문 헌	원저자	원저 발행년도	역 자	발행처	발행년도
산가요록(고농서 국역총서 8)	전순의	1449	농촌진흥청	농촌진흥청	2004
식료찬요(고농서 국역총서 9)	전순의	1460	농촌진흥청	농촌진흥청	2004
수운잡방 · 주찬	김수	1500년대	윤숙경 역	신광출판사	1998
도문대작[1]	허균	1611			
지봉유설	이수광	1614	남만성 옮김	을유문화사	1980
음식디미방(경북대학교 고전총서 10)	석계부인, 안동 장씨	1670년경	경북대학교 출판부	경북대학교 출판부	2003
주방문[1]	하생원	1600년대 말엽			
산림경제 2권(고전국역총서)	홍만선	1715	민족문화추진회	민문고	1967
증보산림경제	유중림	1765	윤숙경 역	지구문화사	2005
규합총서	빙허각 이씨	1815	정양완	보진재	1999
음식법[1]	미상	1854(추정)			
시의전서	미상	1800년대 말엽	이효지 외	신광출판사	2004
부인필지[1]	미상	1915			
조선무쌍신식요리제법	이용기	1924	옛음식연구회	궁중음식연구원	2001
조선요리제법	방신영	1942		한성도서주식회사	1942

주 : 1)의 고문헌들은 한글로 번역된 문헌을 찾을 수 없어 문헌들을 분석한 학술논문을 참고로 하였다. 참고한 학술논문은 표 8에 제시하였다.

식료찬요(食療纂要)

1460년 의관을 지낸 전순의가 지은 의서로서 현존하는 고서 중 최고의 식이요법서이다. 병을 치료하는 데 식품으로 치료하는 것을 우선해야 함을 강조하여 식이요법의 중요성과 실용적인 조문만 뽑아 간편하게 찾도록 구성하였다.

수운잡방(需雲雜方) · 주찬(酒饌)

김수가 지은 1500년대 조리서로서 고려 말에서 조선 전기의 음식 조리법과 안동 사림계층의 식생활을 엿볼 수 있는 특징이 있다. 그 내용은 술 빚는 법, 장류, 김치, 식초류, 채소 저장법, 과일 저장법, 조과 만들기, 타락, 엿 만들기 등이 포함되어 있으며 우리나라에 고추가 유입되기 전의 조리서이기 때문에 고춧가루를 넣지 않은 김치가 기록된 문헌이다.

도문대작(屠門大嚼)

1611년 허균이 바닷가에 귀양가서 거친 음식만 먹게 되자 견딜 수 없어 전에 먹어 보았던 음식을 떠올리며 기록하면서 자신이 도살장문(屠門)을 바라보고 그게 씹는(大嚼) 것과 같다고 하여 붙여진 이름이다. 그 내용은 식품을 분류하여 식품의 특징과 명산지를 기록하고 떡과 한과류를 중심으로 서울의 음식을 소개하였다. 이를 통하여 광해군시대의 식품재료와 각종 음식을 한눈에 볼 수 있다는 것과 다른 조리서들과 비교하였을 때 지역성을 알 수 있다는 점이 특징이다.

표 8 역사성 검증을 위해 선정된 학술논문

저 자	논문제목	학술지	연 도
이효지	『규곤시의방』의 조리학적 고찰	대한가정학회지, 19(2)	1981
이효지	『규합총서』, 『주식의』의 조리과학적 고찰	한양대학교 사대논문집	1981
김귀영 · 이성우	『주방문의』 조리에 관한 분석적 연구	한국식생활문화학회지, 1(4)	1986
이광자	우리나라 문서에 기록된 찬물류의 분석적 고찰	한양대학교 교육대학원 석사학위논문	1986
이효지	조선시대의 떡문화	한국조리과학회지, 4(2)	1988
장혜진 · 이효지	주식류의 문헌적 고찰	한국식생활문화학회지, 4(3)	1989
윤서석	한국의 국수문화의 역사	한국식생활문화학회지, 6(1)	1991
윤서석 · 조후종	조선시대 후기의 조리서인 『음식법』의 해설 1	한국식생활문화학회지, 8(1)	1993
	조선시대 후기의 조리서인 『음식법』의 해설 2	한국식생활문화학회지, 8(2)	1993
	조선시대 후기의 조리서인 『음식법』의 해설 3	한국식생활문화학회지, 8(3)	1993
이효지 · 차경희	부인필지의 조리과학적 고찰	한국식생활문화학회지, 11(3)	1996
김기숙 · 백승희 · 구선희 · 조영주	『음식디미방』에 수록된 채소 및 과일류의 저장법과 조리법에 관한 고찰	중앙대학교 생활과학논집 12권	1999
김기숙 · 이미정 · 강은아 · 최애진	『음식디미방』에 수록된 면병류와 한과류의 조리법에 관한 고찰	중앙대학교 생활과학논집 12권	1999
이은욱	조선 후기 식기 및 음식의 특색과 변화	이화여자대학교 석사학위논문	2002
김미희 · 유명님 · 최배영 · 안현숙	『규합총서』에 나타난 농산물 이용 고찰	한국가정관리학회지, 21(1)	2003
차경희	『도문대작』을 통해 본 조선 중기 지역별 산출 식품과 향토음식	한국식생활문화학회지, 18(4)	2003
김희선	어업기술의 발전 측면에서 본 『음식디미방』과 『규합총서』 속의 어패류 이용 양상의 비교 연구	한국식생활문화학회지, 19(3)	2004

지봉유설(芝峰類說)

1614년 이수광에 의해 편찬되었고 3,435조목을 25부문 182항목으로 나누어 설명하고 반드시 그 출처를 밝혔으며 실학사상에 입각하여 서구 문명을 소개한 것이 특징이다. 25부는 천문 · 시령(時令) · 재이(災異) · 지리 · 제국(諸國) · 군도(君道) · 병정(兵政) · 관직 · 유도(儒道) · 경서(經書) · 문자 · 문장 · 인물 · 성행(性行) · 신형(身形) · 어언(語言) · 인사(人事) · 잡사(雜事) · 기예(技藝) · 외도(外道) · 궁실 · 복용(服用) · 식물(食物) · 훼목(卉木) · 금충(禽蟲)으로 음식에 대한 설명은 식물부(食物部)에 기록되어 있다.

음식디미방(규곤시의방, 閨壼是議方)

1670년경 안동 장씨의 친정집과 시댁의 음식법을 수록한 책이다. 이 책의 명칭은 두 가지로서 한 가지는 『음식디미방』으로 본문의 첫머리에 표기된 권두서명이고, 또 하나는 『규곤시의방(閨壼是議方)』으로 겉표지에 쓰인 서명이다. 예로부터 전해져 오는 음식과 스스로 개발한 음식에 대하여 면병류 18종, 어육류 42종, 과채류 19종, 주류 및 초류 54종을 수록하였고, '맛질방문' 에 면병류 9종, 어육류 4종을 포함하여 총 146개항에 달하는 음식조리법을 서술하였다. 이

책의 특징은 후손에게 전통적인 조리법을 전해 주려고 한 것으로서 여성이 기록한 옛 조리서라는 것과 최초의 한글 조리서라는 데 의의가 있다.

주방문(酒方文)

1600년대 말 하씨 성을 가진 생원에 의해 지어진 것으로 알려져 있다. 술과 관련된 항목 28종과 음식과 관련된 항목 50종을 포함하여 총 78종에 대한 조리와 가공법을 한글로 설명하고 있다.

산림경제(山林經濟)

1715년 홍만선이 백성들을 위하여 편찬한 책으로 일상생활에 필요한 여러 가지 문제를 체계적으로 분류한 것이 특징이다. 당시의 중국 서적과 우리나라 서적을 참고하여 농촌 가정에서 알아야 할 것을 기록하였고, 각 조목마다 인용서목을 적어 넣어 학문적 가치가 큰 책이다.

증보산림경제(增補山林經濟)

1766년 유중림에 의해 편찬된 한문 필사본으로 산림경제를 검토하여 토속성이 없는 것은 제외하거나 보충하여 그 내용을 방대하게 늘린 특징이 있다.

규합총서(閨閤叢書)

1815년경 빙허각 이씨에 의해 편찬된 것으로 산림경제, 고사신서, 해동농서를 참고하여 [주식의(酒食議)], [봉임측(縫紝則)], [산가락(山家樂)], [청낭결(靑囊訣)]로 구분하여 내용을 구성하였으며 전통적인 의식주에 대하여 설명한 가정백과의 성격을 띠고 있다. [주식의(酒食議)]는 장 만들기, 술 빚기, 밥, 떡, 과즐 등의 내용을 설명하고 있고, [봉임측(縫紝則)]은 재봉, 염색, 방직, 자수, 양잠, 그릇과 등잔관리 등에 대한 내용을 포함하며, [산가락(山家樂)]은 밭일, 꽃재배, 가축 기르기에 대한 내용을 담고 있다. [청낭결(靑囊訣)]은 태교, 아이 기르기, 구급법 등에 대하여 설명하고, 끝으로 『술주략』은 집과 여러 환난에 대처하는 방법 등을 기록하고 있다. 이는 우리나라 여성이 우리의 기후와 풍토에 맞는 실용적인 지혜를 바탕으로 저술한 책으로서 의의가 있다.

음식법(찬법, 饌法)

조선 후기 갑인년(1854년으로 추측)에 어느 가정에서 혼인하는 딸에게 내려 준 조리서로 알려져 있다. 책의 내용은 음식명이 기록된 127종과 음식명 없이 내용만 기록된 14종을 포함하여 총 141종의 음식과 제과유독, 제체유독, 음식 금기에 대한 내용이 포함되어 있다. 찬합음식의 종류와 담는 방법이 자세히 기록되고, 음식 규범에 대한 언급이 수록되어 있는 것이 특징이다.

시의전서(是議全書)

1800년대 말 작자미상의 책으로 422종의 음식이 상권과 하권으로 나누어 설명되고 있다. 또한 5첩 반상, 7첩 반상, 9첩 반상, 신선로상, 입매상, 술상, 곁상의 반배도가 그려져 있고, 조리법의 분류가 잘 되어 있다. 또한 그 시대의 전통식품을 한눈에 볼 수 있다는 것과 제물부(祭物部)를 독립시켜 당시 제사를 중요하게 생각했다는 것을 알 수 있는 특징이 있다.

부인필지(夫人必知)

빙허각 이씨의 규합총서에서 가정생활에 필요한 내용을 추려 1915년에 편찬한 것으로 115종의 음식이 수록되어 있다. 그 외에도 과채수장법, 제과독, 제유수취법, 의복, 길쌈, 좀 못 먹게 하는 법, 수 놓는 법, 사물, 물류 상감 등이 기록되어 있다.

조선무쌍신식요리제법(朝鮮無雙新式料理製法)

『임원십육지』의 [정조지]를 한글로 번역하고 신식요리를 곁들여 1924년에 이용기에 의해 편찬된 책이다. 손님 접대하는 법, 상 차리는 법, 상극이 되는 음식물, 아이 밴 이가 못 먹는 것, 우유 먹는 법 등이 수록되어 있고 서양요리, 중국요리, 일본요리 만드는 법 또한 수록되어 있다. 또한 밥, 장, 고추장, 된장, 초, 술, 소주, 국, 창국, 누룩, 김치, 장아찌, 떡, 국수, 만두, 전유어, 나물, 생채, 지지미, 찌개, 찜, 적, 구이, 회, 편육, 어채, 백숙, 묵, 선, 포, 마른 식품, 자반, 볶음, 조림, 무침, 쌈, 젓갈, 죽, 미음, 응이, 암죽, 차, 기름, 청량음료, 타락, 두부, 화채, 숙실과, 유밀과, 다식, 편, 당전과, 정과, 점과, 강정, 미시, 엿 등의 종류와 만드는 법에 대하여 설명하고 잡록 11종과 부록 22종에 대한 조리법과 양념, 각색가루, 소금 만드는 법에 대해서도 기록되어 있다.

조선요리제법(朝鮮料理製法)

방신영에 의해 편찬된 책으로 한국요리의 모체로 인정받고 있으며 1913년, 1917년, 1942년, 1954년에 판을 거듭하여 개정하였다. 1942년도 증보 개정판의 내용은 기명, 식물, 수육, 어육에 대한 해석과 음식 저장법, 남은 음식 · 상한 음식 · 해독 등에 대한 주의할 사항을 기록하였다. 또한 양념류, 분말제조법, 기름, 소금, 당류, 초, 장, 젓, 김치(김장김치), 김치(보통 때 김치), 찬국, 장아찌, 조림, 찌개, 지짐이, 찜, 볶음, 무침, 나물, 생채, 전유어, 구이, 자반, 적, 편육, 포, 마른 식품, 회, 어채, 쌈, 묵, 잡록, 떡국, 만두, 국수, 편, 정과, 강정, 엿강정, 숙실과, 다식, 유밀과, 화채, 차 다리는 법, 죽류, 국, 숩, 밥, 떡 등의 종류와 조리법에 대하여 설명하였다. 그 외에도 각 절기의 잔치, 상 차리는 법, 어린아이 젖먹이는 법이 기록되어 있다.

위의 문헌들에 대한 구체적인 고찰방법은 첫 단계로, 고문헌에서 나타난 음식명과 본 책자에 실린 상용음식의 음식명이 일치하는 음식을 찾았다. 음식명이 일치하는 경우 그 음식에 대한 현재의 조리법 및 식품재료와 고문헌에서 나타난 조리법과 식품재료가 일치하는지를 확인하였다. 두 번째로 고문헌에서 나타난 음식명과 일치하는 음식명이 없는 경우 조리법과 식품재료에 대한 비교 작업을 수행하였다. 음식명이 일치하지 않더라도 조리법과 식품재료의 비교에서 고문헌에 의한 방법과 현대의 방법이 유사하다면 그 음식의 역사성은 검증되는 것으로 판단하였다. 모든 음식의 검증자료는 엑셀 데이터베이스(DB)화하였고, 그 방법은 그림 1과 같다.

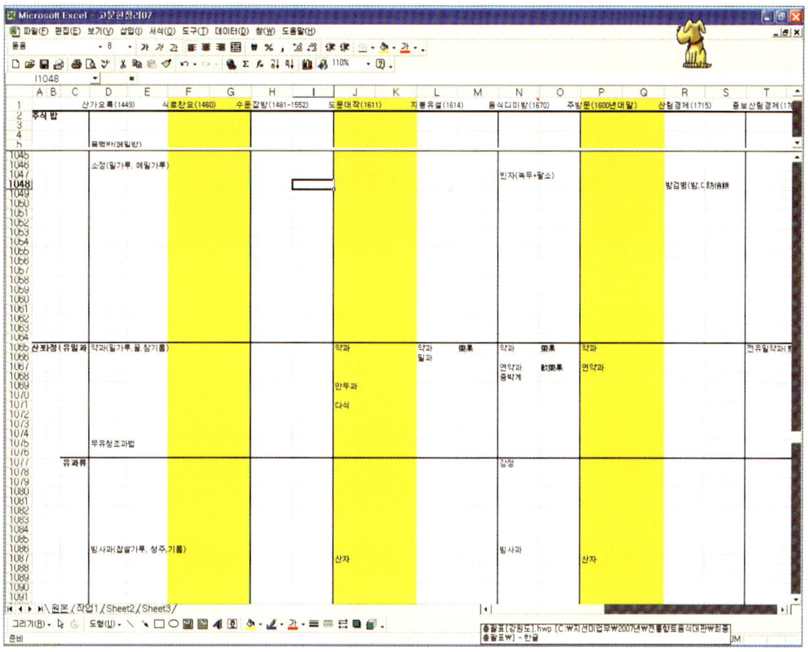

고서	산가요록	식료찬요	수운잡방, 주찬	도문대작	지봉유설	음식디미방	주방문	산림경제	증보산림경제	규합총서	음식법	시의전서	부인필지	조선요리제법	조선무쌍신식요리제법
약과	1			1	1	1	1			1		1	1	1	1

그림 1 엑셀 프로그램에 의한 음식명 일치 검색 예시

忠清北道

제2부

충청북도 전통향토음식

제1장

충청북도의 전통향토음식 발달 배경과 특징

1. 서 론
2. 충청북도의 지리적 특성 및 특산물
3. 충청북도 전통향토음식 발달의 역사적 · 사회문화적 배경
4. 충청북도 전통향토음식의 특징
5. 대표적인 충청북도 음식
6. 충청북도의 명절과 시절음식
7. 충청북도의 통과의례음식

제1장
충청북도의 전통향토음식 발달 배경과 특징

신승미 청운대학교 교수

1. 서론

충청북도는 한반도의 한가운데 자리잡고 있으며 바다와 접하지 않는 유일한 내륙 지방이다. 기역자 모양의 지역으로 남북으로 길게 뻗어 있으면서 동서로도 펼쳐 있어 남한강 상류인 충주 지역과 금강의 지류를 끼고 있는 청주 지역이 두 개의 큰 생활중심권을 이룬다.

지리적으로 동남쪽의 소백산맥과 서북쪽의 차령산맥으로 둘러싸인 중부 내륙 지역으로 구릉성 산지가 많고 넓은 평야 지대로 이루어져 있어 벼농사가 발달하여 쌀, 보리, 콩 같은 곡식과 고구마, 고추, 배추, 버섯 등이 많이 생산된다. 한편 바다에 닿아 있지 않아 해산물은 구하기 힘들었으나 내수면이 발달하여 메기, 뱀장어, 붕어, 쏘가리 등의 민물생선은 흔하였고 이를 이용한 음식이 발달하였다.

『택리지(擇里志)』에 충청도 토지는 곧 오늘날의 충청북도와 충청남도를 함께 일컬어 "산천이 편평하고 예쁘며 서울에서 가까운 남쪽이어서 사대부들이 모여 사는 곳이 되었다. 그리고 서울에서 여러 대를 사는 집으로 이 도에다 전답과 집을 마련하여 생활의 근본이 되는 터로 만들지 않은 집이 없다. 또 서울과 가까워서 풍속에 심한 차이가 없으므로 터를 고르면 가장 살만하다"라고 하였다.

충청북도의 음식은 꾸밈이 없고 평범한 것이 특징이다. 양념은 많이 쓰지 않고 음식의 맛은 순하여 담백하고 음식의 양은 많은 편이다. 김치를 담글 때는 마늘과 고추가 풍부하여 많이 사용하였으며 소금 간을 하고 젓갈은 귀하여 별로 쓰지 않는다. 이곳은 김치를 '짠지'라고 하는데, 다른 지역의 김치보다 시원하고 칼칼하다. 겨울에는 배추짠지를, 여름에는 열무짠지를 주로 담가 먹었는데, 국물이 거의 없게 하는 것이 특징이다. 선지나 곱창을 넣은 배추된장해장국이 일찍부터 발달했고, 콩의 생산이 많아 콩가루를 만들어 채소에 묻혀 찌거나 밀가루 반죽에 넣기도 하고 죽을 끓일 때도 넣어 먹기도 하였다.

2. 충청북도의 지리적 특성 및 특산물

충청북도는 경기도와의 경계에 차령산맥이 걸쳐 있고 강원도, 경상북도, 전라북도와 접하는 동남부에는 소백산맥이 둘러싸고 있다. 중앙부에는 구릉성 산지들이 남북방향으로 이어져 지역을 동서로 양분하고 있다. 기후는 바다에서 떨어져 내륙에 위치하고 동쪽으로는 태백산지와 소백산지에 의해 막혀 있기 때문에 대륙성 기후의 특징을 보여서 기온의 차이가 매우 심한 편이다. 곧 겨울에는 아주 춥고 여름에는 무더운 날씨가 계속된다.

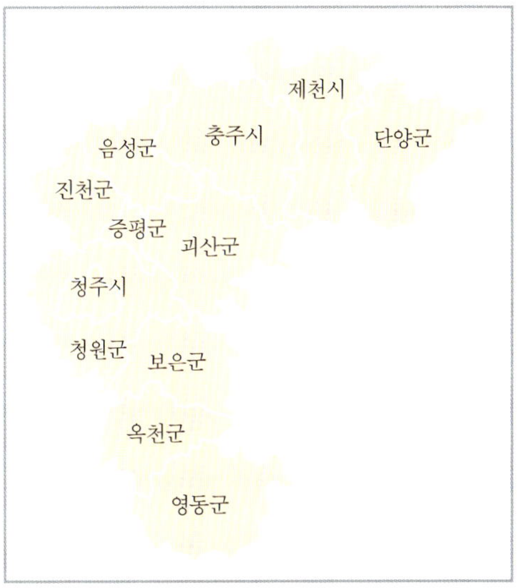

그림 1 충청북도

소백산맥 일대의 동부와 북부에는 산지가, 중

앙에는 구릉지가 주를 이루며 청주를 중심으로 미호평야 등 너른 평야 지대를 이루고 있어 벼농사가 발달하였고, 충주 일대의 낮은 평야 지대는 특히 토양이 기름진 곳이 많아 농사짓기에 알맞아 쌀, 보리 등의 농산물이 많이 생산된다.

그림 2 올갱이

소백산맥의 북쪽과 차령산맥 같은 산지가 곳곳에 많아 표고버섯, 싸리버섯, 송이버섯, 목이버섯(흐르레기), 도토리, 고사리, 산채 등 임산물도 풍부하며 임야가 전체의 71%로 목축업도 발달하였다.

수산물로는 바다와 접하지 않고 있어 해산물은 생산되지 않지만, 내수면이 발달하여 민물에서 얻을 수 있는 메기, 뱀장어, 붕어, 쏘가리, 어름치 등의 민물고기와 특히 다슬기(올갱이)가 많이 잡혀 올갱이를 이용한 올갱이국, 올갱이생떡국 등의 음식이 돋보인다.

특산물로는 진천의 쌀과 고추, 제천의 약초와 사과, 괴산의 고추와 인삼, 보은의 대추, 영동의 포도와 감, 단양의 마늘과 잎담배, 음성의 고추와 인삼, 충주의 사과 그리고 증평의 인삼 등이 있다.

3. 충청북도 전통향토음식 발달의 역사적 · 사회문화적 배경

【충청북도의 역사적 배경】

충청(忠淸)이라는 지명은 충주(忠州)와 청주(淸州)의 첫 글자를 따서 지은 것으로 충청북도는 충청남도와 합하여 충청도라 부르며 흔히 호서 지방(湖西地方)이라고도 한다. 이 지역은 삼한시대에는 마한에 속하였고 삼국시대에는 백제의 중심이었으며 백제가 망한 뒤에는 당나라가 5개의 도독부(都督府)를 설치한 지역의 일부이다. 76년간 당의 지배가 끝난 뒤에 성덕왕 13년(714년)에 신라의 영토가 되었고 경덕왕 16년(756년)에 웅주도독부에 예속되었다. 신라 말에는 후백제와 태봉이 이곳을 분할하여 점령하였다. 성종 14년(995년)에 충청북도 지역을 중원도(中原道), 충청남도 지역을 하남도(河南道)로 하였다.

그 후 예종 1년(1106년)에 관내도와 중원도, 하남도를 합쳐서 양광충청주도(楊廣忠淸州道)로 하여 처음으로 충청도라는 명칭이 생겼다. 명종 2년(1172년)에 중원 · 하남을 나누어 충청도가 되었다가 충숙왕 1년(1314년)에 다시 합쳐 양광도로 하였으며 공민왕 5년(1356년)에 다시 충청도라 하였다. 그 뒤 여러 차례 지명이 바뀌었다가 고종 33년(1896년) 13도제가 실시되면서 충청도는 충청남도, 충청북도로 나누어졌다.

현재 충청북도는 청주시, 충주시, 제천시의 3개 시와 괴산군, 단양군, 보은군, 영동군, 옥천군, 음성군, 진천군, 청원군, 증평군의 9개 군으로 되어 있다.

【사회문화적 배경】

충주를 중심으로 하는 중원문화권은 충청북도의 북방문화요소의 기층인 한강이 흐르는 지역이고, 청주를 중심으로 하는 서원문화권은 남방문화요소의 기층인 금강이 흐르는 지역이다. 특히 청주시는 내륙 지방이어서 삼국시대에는 전략의 요충지였으나 조선에 이르러서는 실록을 보관하는 곳이었다.

토속신앙

충청북도에는 토속신이 많이 있다. 집안에는 가신이 있어 터줏대감이 마당에 있고 조상신이 마루에 있으며 자손들을 점지하는 삼신할머니와 그 자손을 보호하는 재석신이 안방에 있고 불을 다스리는 조왕이 부엌에 있으며 용왕이 우물에 있어 집안을 보호한다고 하였다.

마을마다 있는 진산에는 산신령님이나 국사신이 있고 마을의 고개턱이나 동구에는 서낭신이 있으며 마을 앞엔 탑신이 있어 대개 정월 보름이면 마을 사람들이 제주를 뽑아 마을의 액을 막고 복을 비는 동제를 유교식으로 지낸다. 단양군의 죽령에는 산신을 모신 죽령사가 신라 때부터 있어 봄과 가을에 나라에서 향과 축문을 내려 제사를 지낸다. 또한 청풍군의 월악산에도 삼신을 모시는 월악사가 있어 제사를 지냈다고 한다. 보은군의 속리산에는 대자재천왕사, 용왕을 모신 충주시의 금휴포구 등에서 토속신앙에 대한 문화적 배경을 알 수 있다.

종 교

충청북도는 여러 종파와 여러 교파의 종교가 있다.

불교의 종파로는 조계종을 비롯하여 태고종, 일승종, 법화종, 원효종, 불입종, 천태종 등이 널리 퍼져 있으며, 가장 오래 된 절로는 조계종의 본산인 속리산 법주사를 꼽을 수 있다.

천태종의 본산도 충청북도에 있을 뿐만 아니라 기독교의 종파로는 가톨릭을 위시하여 장로교, 감리교, 성결교, 침례교, 오순절교, 안식교, 그리스도교, 성공회, 구세군 등 여러 교파가 있다. 이 중에서 가톨릭은 충청북도에 가장 먼저 선교되어 1896년 음성군 감곡에 첫 성당이 세워졌다.

충청도 양반

예부터 '충청도 양반' 이란 말이 있다. 충청도가 충주와 청주의 머리말을 따서 붙인 이름을 보더라도 충청북도가 진짜 양반의 고장인 셈이다. 원래 양반이란 고려 경종 때 문관과 무관을 각각 동반과 서반으로 서로 구별하고 이를 합하여 양반이라 부른 데서 나왔는데, 조선시대에는 문무백관과 벼슬에 오를 수 있는 사대부를 두루 일컬었다. 그 후 양반 자손들이 양반 행세를 하려고 서울 양반들이 산천이 평탄하고 아름다운 충청도에 집과 농토를 두었는데, 이 양반들이 충청도에 와서 양반 체통을 지키느라 말도 느리게 하고 걸음도 천천히 하니까 충청도가 자연히 그 양반물이 들었고 오늘날까지 충청도 사람들이 말과 행동이 느린 것이 그 때문인 것으로 추정된다.

4. 충청북도 전통향토음식의 특징

충청북도는 삼한시대에는 마한에 속했고, 삼국시대에는 중부는 백제에, 동부는 고구려에, 남부는 신라에 속해 국경선의 다툼이 치열했던 지역이다. 이런 역사적 배경으로 식생활의 풍습에도 전통의 유형이 뚜렷하게 나타나지 않는 편이다.

충청북도의 음식은 사치스럽지 않으며 많은 양념을 사용하지 않고 자연 그대로의 맛을 살리려고 애쓰는 음식이다. 맛은 담백하며 구수하고 소박하여 충청도 사람들의 평온한 기질을 그대로 나타내 보인다.

지리적으로는 동남쪽의 소백산맥과 서북쪽의 차령산맥으로 둘러싸인 중부 내륙 지역으로 구릉성 산지가 많고 넓은 평야 지대로 이루어져 있어 벼농사가 발달하여 쌀, 보리 같은 곡식과 고구마, 고추, 무, 배추, 버섯, 마늘 등이 많이 생산된다.

한편 바다에 닿아 있지 않아 싱싱한 해산물을 구하기 힘들기 때문에 굴비, 북어, 멸치, 말린 갈치 같은 건어물을 많이 먹었다. 반면에 내수면이 발달하여 메기, 뱀장어, 붕어, 쏘가리, 어름치 등의 민물생선은 흔하고 이를 이용한 음식이 발달하였다.

이곳은 김치를 '짠지' 라고 하는데, 다른 지역의 김치보다 시원하고 칼칼하다. 김치를 담글 때는 마늘과 고춧가루, 소금으로 간을 하고 젓갈은 귀하여 별로 쓰지 않는다. 그러나 이 지역은 고추와 마늘이 풍부하여 김치에 많이 사용하였고 겨울에는 배추짠지를, 여름에는 열무짠지를 주로 담가 먹었는데, 국물이 거의 없게 하는 것이 특징이다. 또한 갓을 채 썰어 식초, 소금, 설탕, 참기름을 넉넉히 넣고 여러 번 주물러 그대로 항아리에 담아 눌러 두었다가 하룻밤 지난 뒤에 먹는 '갓짠지' 가 유명하다. 그 외에도 씀바귀짠지, 깻잎짠지 등이 유명하다.

또한 다른 곳보다 먼저 통행금지가 없어졌기 때문인지 해장국이 유명하다. 배추우거지와 고기에 된장을 넣고 한소끔 끓이다가 선지나 곱창을 넣고 끓인 해장국으로, 특히 청주시에는 해장국집 많기로 유명하기도 하다.

콩이 많이 생산되어 콩가루를 만들어 채소에 묻혀 찌기도 하고, 밀가루에 넣고 반죽하여 국수를 만들기도 하며 쑥죽에 넣어 먹기도 한다.

5. 대표적인 충청북도 음식

충청북도의 대표적인 향토음식을 밥, 죽, 국수 등의 주식류, 찬류인 부식류와 떡류, 과정류, 음청류, 주류로 구분하여 살펴보면 다음과 같다.

주식류

주식류 중 밥은 도토리밥(꿀밤밥), 도토리묵밥, 무밥, 밤묵밥, 보리밥, 비지밥, 산채비빔밥, 소백산산채비빔밥, 다슬기국밥(올갱이국밥), 참취오곡쌈밥, 팥잎밥, 표고버섯밥 등이 있으며, 죽으로는 갱시기(갱싱이죽), 누룽지인삼닭죽, 도토리죽, 보리죽, 비지죽, 빠람죽, 수수풀떼기(수수풀떼), 호박새알죽, 호박죽 등이 있다. 범벅에는 호박범벅, 수숫가루범벅, 국수 · 수제비에는 개떡수제비, 꿩칼국수, 나박김치냉면, 들깨칼국수, 산채도토리냉면, 생선국수, 쑥수제비, 쑥칼국수, 칡국수(칡칼국수), 토리면, 호박수제비(호박잎수제비) 등이 있다. 만두에는 꿩만두, 냉이만두, 고추지만두 등이 있고, 떡국에는 미역생떡국, 올갱이날떡국 등이 있다.

부식류

부식류는 국, 찌개 · 전골, 김치, 나물, 구이 등이 있는데, 국에 속하는 음식으로 괴산추어탕, 넙치아욱국, 두릅냉국, 메기매운탕, 시래기국, 쏘가리매운탕, 엄나무삼계탕(엄나무백숙), 오계백숙, 다슬기국(올갱이국, 고딩이국), 용봉탕, 인삼메기탕, 청포묵국, 추어탕, 콩국, 콩김칫국, 콩비지탕, 토란국 등 있다.

찌개 · 전골에는 닭전골(닭사리), 무우거지장, 무청시래기찌개, 민물새우찌개(민물새뱅이찌개), 소백산버섯전골, 청국장찌개, 콩나물찌개, 팥잎장, 호박지찌개 등이, 김치에는 가지김치, 고추소박이, 달래김치, 더덕물김치, 무잎김치(진잎김치), 박김치, 순무밴댕이김치, 시금치김치, 열무물김치, 오이소배추김치, 쪽파김치, 총각김치 등이, 나물로는 늙은호박나물, 산나물무침, 오가리나물, 인삼취나물, 참죽나물, 취나물 등이 있다.

구이에는 대청호장어구이, 더덕구이, 돼지고기도라지구이, 표고버섯양념구이 등이, 조림 · 지짐이는 도리뱅뱅이, 마른조갯살조림, 무왁저지, 참마자조림(참메자조림) 등이, 볶음 · 초는 도토리묵말림볶음 등이 있다.

전 · 적은 참죽장떡, 가죽전, 늙은호박전(누렁호박전), 도토리전, 무적(무왁적), 송이버섯산적, 다슬기산적(올갱이산적), 칡전, 호박오가리누르미, 메밀전병, 도토리밀쌈 등이 있고 찜 · 선은 메기찜, 밤선, 붕어찜, 상어찜, 참붕어찜 등이, 회에는 민물비빔회(청풍향어비빔회), 추어숙회, 다슬기무침(올갱이무침) 등이 있다.

마른반찬은 가죽잎부각, 고추부각, 돼지고기육포, 빙어튀김, 죽순부각 등 있고, 순대로는 산채순대가 있으며, 묵 · 두부에는 밤묵, 칡묵이 있다. 장아찌에는 감장아찌, 고추젓, 더덕장아찌, 깻잎장아찌, 무장아찌, 초피장아찌, 표고장아찌, 풋고추초장아찌 등이 있고, 장에는 담북장, 막장, 보리고추장, 쑥된장, 인삼고추장, 찹쌀고추장, 청국장 등이 있다.

떡 류

떡류에는 감떡개(감또개떡), 감자삼색송편, 도라지껍질떡, 도토리떡, 도토리찰편, 막편, 망개떡, 밀기울떡, 볍씨쑥버무리떡, 사과버무리떡, 삼색부꾸미, 수리취인절미, 수수벙거지, 수수부꾸미, 승검초편(당귀편), 약편, 옥수수칡잎떡, 장떡, 칡개떡, 칡부꾸미, 칡송편, 해장떡, 햇보리떡, 호박고지찰시루떡, 호박고지떡, 호박부꾸미, 호박송편 등이 있다.

과정류

과정류에는 감자정과, 고구마정과, 도라지정과, 모과구이, 무릇곰, 무엿, 무정과, 섭산삼, 쌀약과, 약초다식, 연근정과, 오미자편, 인삼약과, 인삼정과, 칡조청, 호박과편, 호박약과 등이 있다.

음청류

음청류에는 감잎차, 대추곰(고음), 봉수탕, 순채효소차, 호박식혜 등이 있다.

주 류

주류에는 대추술, 뽕나물술(상지주), 솔잎주(송엽주) 등이 있다.

6. 충청북도의 명절과 시절음식

유모일과 무모일

충청북도는 양력보다는 음력으로 설을 많이 쇠는데, 이 날에는 새해 인사를 드리고 떡국을 반드시 준비하며 곶감, 유과, 약과, 과일을 차려 손님을 대접한다. 또 이 날에는 떡국으로 차례를 지내고 성묘를 가는 집도 있다. 『동국세시기』에 보면 '정월' 초에 '십이지일'의 풍속이 있어 설날에서 열이튿 날까지의 12일 동안을 일진에 따라 유모일과 무모일이라 하여 털이 있는 날인 유모일은 길하고 털이 없는 날인 무모일은 불길하다고 여겼다. 이 지방에서 지켜지던 십이지일의 풍습으로는 첫 쥐날에는 쥐를 없애기 위하여 쥐불놀이를 하고, 첫 소날에는 말과 소에게 일을 시키지 않고 콩을 삶아 먹이며 위로한다. 첫 호랑이날에는 근신하고, 첫 토끼날에는 남자가 여자보다 먼저 일어나 대문을 열고 여자는 출입을 금한다. 첫 용날에는 용이 우물에 알을 낳으므로 여자들이 물동이를 이고 일찍 우물가에 가서 물을 퍼 그 물로 밥을 지으면 그 해 운이 좋아 풍년이 든다고 믿었다.

정월 대보름

『동국세시기』에 14일 아침에 '더위팔기'를 한다는 기록이 있었다. 정월 대보름 아침에는 눈을 뜨자마자 호두, 땅콩, 은행, 잣 같은 견과류를 깨무는데, 이를 '부럼 깐다'고 하여 한 해 동안 부스럼이 나지 않고 이도 튼튼해진다고 한다. 데우지 않은 청주를 마시면 귀가 밝아진다고 하여 '귀밝이술'을 마신다. 저녁에는 가을에 말려 두었던 가지, 호박, 고춧잎, 무, 깻잎, 고사리 등 다섯 가지나 일곱 가지의 나물을 만들어 낸다.

삼월 삼짇날~칠월 백중날

삼월 삼짇날에는 진달래꽃으로 화전을 부쳐 먹는 풍습이 있었고, 4월 초파일에는 속리산 법주사나 영동군의 영국사에 신도들이 불공을 드린다.

5월 5일의 단오에는 수리취를 넣어 수레바퀴 모양으로 둥글게 만든 '단오떡'을 해먹던 풍습이 있었다.

유월 유두날에는 논에 나가서 기름에 지진 밀부꾸미를 사방에 버리는 '물고고사'를 지내고, 초복 · 중복 · 말복의 삼복 더위에는 몸을 보호하는 개장국 같은 보양식과 수박, 참외, 복숭아 같은 과일을 먹으며 더위를 식힌다.

칠월 보름인 백중날은 '머슴날' 또는 '호미 씻기는 날'이라 하여 농사를 끝낸 머슴들에게 그 동안에 수고하였다고 술과 음식으로 잔치를 벌여 주었다.

팔월 보름 한가위

햇과일과 햇곡식으로 조상에게 차례를 지내는데, 햇콩, 햇밤, 햇팥으로 소를 넣은 송편으로 차례음식을 장만하였다. 이 지방에서는 '거북놀이'와 '소놀이'를 하였다고 하는데, 거북놀이는 거북이가 용왕의 아들이기 때문에 사람이 구하는 복을 가져다 줄 수 있다고 믿어 하였던 것이고, 소놀이는 진천 지역에서 하였다고 한다.

시월 상달

시루떡을 하여 시월 10일에서 30일까지의 사이에 날을 정하여 수고한 소에게 갖다 주며 이웃집에 떡을 돌려 나누어 먹는다. 십일월에 들어 있는 동짓날에는 팥죽을 끓여 팥죽 차례를 지내는데, 차례를 지내는 팥죽에는 새알심을 넣지 않았다. 섣달 그믐날에는 몸을 씻고 남에게 진 빚을 갚으며 집 안팎을 청소하여 새해를 깨끗이 맞이할 준비를 하고 여자들은 설음식을 만들었다.

7. 충청북도의 통과의례음식

삼신상

아기를 낳은 지 사흘 뒤인 '삼날'에는 바가지나 사발에 쌀을 담아 미역국과 함께 방의 서쪽에 '삼신상'을 차리고 아기가 무병하기를 기원한 뒤에 산모가 먹는다.

백일상

아기의 백일이 되면 수수떡, 백설기, 미역국, 쌀밥으로 백일상을 차려 친척과 이웃어른을 모시고 나누어 먹는다.

돌 상

돌상에는 돌떡으로 수수경단, 수수떡, 송편, 백설기를 만들며 밥과 미역국을 차리고 쌀, 돈, 실, 연필, 책 등을 상 위에 놓아 아기가 잡는 것으로 장래를 점치는 돌잡이를 하였다. 쌀이나 돈을 잡으면 부귀를 누릴 것이고 실을 잡으면 장수를, 연필이나 책을 쥐면 학자가 될 것이라고 한다.

수수경단이나 수수떡을 만드는 것은 동지 때의 팥죽과 마찬가지로 병이나 액을 가져 오는 귀신을 물리치기 위함이다.

혼 례

혼례를 올리면 밤, 대추, 닭, 술, 전 같은 폐백음식을 가지고 시댁 식구들께 폐백을 드린다. 폐백례가 끝나면 제사를 지낸다.

상 례

과거에는 상례가 충청도 양반의 엄격한 예법을 지켜졌으나, 현대에 이르러서는 간소화되었다.

초혼을 할 때에 밥 세 접시, 물 한 사발, 장 세 접시, 수저, 동전을 상에 차려 대문 밖에 내놓고 망자의 신 한 켤레를 상 앞에 둔다. 지금은 볼 수 없는 상례 중에 '댓도리' 라는 절차가 있었는데, 빈 상여를 메고 친척집을 다니며 곡을 하는 과정이다.

장사를 치른 뒤에는 혼백을 집으로 모시고 와서 제청에 놓고 포와 과일을 차린 다음 주렴으로 가린다. 장삿날 저녁에는 초헌제, 다음날 아침에는 제헌제, 그 다음날 아침에는 삼헌제를 지낸다. 불교에서는 49일째 되는 날에 절에 가서 '사구제' 를 지낸다. 백 일째 되는 날 새벽에 '졸곡제' 를 하고 탈상을 하기도 하며, 일 년째 되는 날과 삼 년째 되는 날 새벽에 소상을 지내고 탈상을 하기도 한다.

제2장

충청북도의 전통향토음식 종류와 만드는 방법

충청북도 전통향토음식 편집 내용

충청북도 전통향토음식 만드는 법

- 주식류
- 부식류
- 떡 류
- 과정류
- 음청류
- 주 류

충청북도 전통향토음식 편집 내용

수록된 200종의 충청북도 전통향토음식은 각 음식에 대해 분류, 음식명, 재료 및 분량, 만드는 법, 참고사항, 출처 및 정보제공자, 조리시연자, 고문헌에 의한 기록, 사진 자료 등으로 구성되어 있다. 조리방법에 대한 자료의 표준화는 기준서(신승미 외, 한국 전통음식 전문가들이 재현한 우리 고유의 상차림, 교문사, 2005)에 따르되 보다 구체적인 사항은 전문가협의회를 통해 표준화 기준을 정한 후 그 기준에 따라 정리하였다.

- **분류** 각 음식 조리방법 상단에 분류를 명기하였다. 그 결과 대분류를 주식류, 부식류, 떡류, 과정류, 음청류, 주류 등 6항목, 중분류를 밥류, 죽류, 국수 · 미음 · 응이 등 55항목, 세분류를 43항목, 세세분류를 119항목으로 나누었다. 본 책자의 수록방법은 주식류, 부식류, 과정류는 중분류를 기준으로 작성하였고, 떡류, 음청류, 주류는 대분류를 기준으로 작성하였다. 다만, 부식류 중 나물류와 과정류에 한하여 세분류까지 나누어 표기하였다.
- **음식명** 가급적 표준어로 음식명을 기록하였으며 지방 특색을 살리고자 표준 음식명 옆에 ( )로 지방 고유의 음식명이나 방언을 중복 기재하였다.
- **재료 및 분량** 본 서에 실린 음식의 식품 재료는 가능한 한 4인 분량을 기준으로 작성되었으며, 보통 대량 조리로 만들어지는 음식인 일부 김치류, 장아찌류, 젓갈 및 식해류, 떡류, 다과류, 일부 음청류, 장류, 식초류 또는 주류 등의 발효식품류에 대해서는 대량조리가 가능한 분량으로 제시하였다. 식품 재료의 분량에 대한 표기법은 국제적인 CGS 단위를 기본으로 한 뒤 일반적으로 많이 사용하는 컵, 큰술, 작은술 등의 단위를 병행 표기하였다. 양념이 따로 필요한 음식의 경우 양념에 사용되는 식품 재료는 '양념' 으로 묶어 따로 표기하였다.
- **만드는 법** 표준어, 과학적 표현, 통일된 용어 사용 등을 기준으로 만드는 방법을 자세히 설명하였다.
- **참고사항** 음식이나 재료의 방언에 대한 설명, 전승 내력이나 특징, 조리상의 주의점, 이용하는 방법 등을 수록하였다.
- **출처 및 정보제공자, 조리시연자** 출처는 지역의 전통향토음식이 기록되어 있는 문헌이나 인터넷 사이트를 연도순으로 제시하였고, 정보제공자는 음식에 대한 정보를 제공해 준 사람의 이름을 가나다순으로 제시하고 주소를 리(동)까지 나타내었다. 조리시연자는 책에 수록된 음식을 시연한 사람(현지 조사 시 조리시연을 해준 사람 또는 지역별 조리전문가)에 대하여 이름과 주소를 제시하였다.
- **고문헌에 의한 기록** 책에 수록된 음식의 역사성 검증 결과 고문헌에 기록이 있는 음식인 경우 기록이 있는 고문헌과 그 문헌에서 표기된 음식명을 ( ) 안에 제시하였다.
- **사진 자료** 충청북도 전통향토음식 중 일부 음식에 대해서는 재료와 조리과정, 그리고 완성된 음식에 대해 사진 자료를 수록하였다. 사진에 표기된 번호는 해당되는 만드는 법의 번호를 의미한다.

식품량 측정 계량단위

종 류	계량단위별 중량		
	식품명	계량단위	무게(g)
곡 류	기장쌀	1컵	160
	밀	1컵	160
	밀가루	1컵	110
		1큰술	8
	밥	1공기	210
	보리쌀	1컵	145
	수 수	1컵	145
	쌀	1컵	180
	쌀가루	1컵	150
	압 맥	1컵	110
	엿기름가루	1컵	115
	옥수수	1컵	145
	조	1컵	145
	차수숫가루	1컵	90
	차 조	1컵	160
	찹 쌀	1컵	167
	찹쌀가루	1컵	100
	현 미	1컵	160
감자류	감 자	1개	150
	강낭콩	1컵	204
	고구마	1개	245
	전 분	1컵	158
		1큰술	7
	토 란	1개	45
두 류	거피팥고물	1컵	114
	거피팥고물(볶은 것)	1컵	108
	녹 두	1컵	200
	대 두	1컵	160
	두 부	1모	508
	메줏가루	1컵	80
	순두부	1개	400
	콩가루(볶은 것)	1컵	85
	콩가루(생 것)	1컵	122
	팥	1컵	211
견과류	들 깨	1컵	110
	땅 콩	1컵	159

종 류	계량단위별 중량		
	식품명	계량단위	무게(g)
견과류	밤(깐 것)	1컵	160
	밤	1개	16
	오미자	1컵	40
	은 행	6알	12
	은행(깐 것)	1컵	160
	잣	1컵	140
	잣가루	1컵	90
	참 깨	1컵	120
	행인(깐 것)	1컵	120
	호 두	2알	20
	호두(깐 것)	1컵	80
채소류	가 지	1개	120
	고비(데친 것)	1컵	300
	고사리(데친 것)	1컵	200
	깻 잎	1단(10장)	16
	당 근	1개	146
	대 파	1뿌리	35
	더덕(대)	1뿌리	39
	더덕(소)	1뿌리	23
	도라지	5뿌리	100
	두 릅	10개	120
	마 늘	5쪽	21
		1컵	110
		1통	30
	무	1개	850
	배 추	1포기	1,265
	붉은 고추	1개	16
	상 추	5장	30
	생 강	1쪽	4
		1컵	115
	애호박	1개	382
	양배추	1통	1,244
		2장	72
	양 파	1개	158
	연 근	1개	192
	오 이	1개	143

종 류	계량단위별 중량		
	식품명	계량단위	무게(g)
채소류	우 엉	1뿌리	400
	죽순(삶은 것)	1개	200
	토마토	1개	153
	풋고추	4개	56
버섯류	느타리버섯	5개	100
	석이버섯(건)	4개	4
	양송이버섯	5개	84
	표고버섯(건)	3개	9
	표고버섯(생)	5개	65
과실류	감	1개	140
	곶 감	1개	32
	귤	1개	70
	대 추	1컵	70
	대추(건)	5개	12
	딸 기	10개	100
	모 과	1개	500
	배	1개	370
	복숭아	1개	302
	사 과	1개	244
	살 구	2개	85
	수 박	1/2통	2,300
	앵 두	1컵	150
	유 자	1개	110
	참 외	1개	500
	포 도	1송이	292
육 류	꿩	1마리	1,000
	다진 육류	1컵	200
	닭	1마리	1,270
	닭다리(생)	1토막	90
	영 계	1마리	300
난 류	달 걀	1개	50
	메추리알	5알	52
어패류	가자미	1마리	337
	갈 치	1마리	323
		1토막	80
	갈치포	1마리	90
		3토막	55
	갑오징어	1마리	260
	건해삼	1마리	111

종 류	계량단위별 중량		
	식품명	계량단위	무게(g)
어패류	게(대)	1마리	434
	게(중)	1마리	251
	고등어	1마리	393
		1토막	150
	굴	1컵	200
	굴 비	1마리	89
	꼴뚜기	5마리	70
	꽁 치	1마리	74
	낙 지	1마리	254
	넙 치	1마리	1,100
	노가리(대)	1마리	12
	노가리(소)	1마리	4
	농 어	1마리	2,000
	대 하	1마리	100
	대합살	1마리	51
	도 미	1마리	1,000
	동 태	1마리	540
	동태포	6토막	90
	멸치(건)	7마리	14
		1컵	50
	명 태	1마리	1,053
		1토막	120
	미더덕	5마리	54
	민 어	1마리	2,300
	바지락살	5개	15
	방 게	4마리	28
	뱅어포	1장	20
	병 어	1마리	480
		1토막	96
	북 어	1마리	137
		1토막	25
	삼 치	1마리	334
		1토막	80
	새우(생)	5마리	56
	새우(건)	30마리	23
	새우살	1컵	120
	소라(삶은 것)	2개	75
	오징어(건)	1마리	61
	오징어(생)	1마리	352

종 류	계량단위별 중량		
	식품명	계량단위	무게(g)
어패류	옥 돔	1마리	591
	우렁쉥이(멍게)	1마리	184
	우렁이(삶은 것)	2개	91
	임연수어	1마리	413
		1토막	120
	전갱이	1마리	300
	전 복	1마리	83
	정어리	1마리	107
	조갯살	1컵	200
	조 기	1마리	167
	준 치	1마리	700
	쥐치포	1마리	26
	한 치	1마리	203
	해 삼	1마리	194
	홍 합	3개	65
	홍합살	1컵	200
해조류	김	1장	2
	다시마(20cm)	1장	20
	불린 미역	1컵	150
조미료류	간 장	1큰술	17
		1작은술	5.8
		1컵	230
	겨자가루	1큰술	6
		1작은술	2
	고춧가루	1컵	80
		1큰술	5
		1작은술	2
	고추장	1컵	260
		1큰술	18
		1작은술	6
	깨소금	1컵	120
		1큰술	6
		1작은술	3
	꿀	1컵	292
		1큰술	9
		1작은술	3
	다진 파	1컵	120

종 류	계량단위별 중량		
	식품명	계량단위	무게(g)
조미료류	다진 파	1큰술	9
		1작은술	3
	된 장	1컵	280
		1큰술	18
		1작은술	6
	물 엿	1컵	292
		1큰술	20
		1작은술	6
	생강즙	1컵	210
		1큰술	10
		1작은술	3.3
	설 탕	1컵	150
		1큰술	12
		1작은술	3.5
	소 금	1컵	130
		1큰술	18
		1작은술	3.5
	실고추	1컵	30
		1큰술	1.9
		1작은술	0.6
	식용유	1컵	140
		1큰술	12
		1작은술	4
	식 초	1컵	200
		1큰술	14
		1작은술	5
	조 청	1컵	292
		1큰술	21
		1작은술	7
	참기름	1컵	190
		1큰술	12
		1작은술	3.5
	통 깨	1컵	90
		1큰술	8
		1작은술	3
	후춧가루	1큰술	8
		1작은술	3

충청북도 향토음식

<table>
<tr><th>대분류</th><th colspan="2">중분류</th><th>지역/상용음식</th></tr>
<tr><td rowspan="7">주식류
(44)</td><td colspan="2">밥(12)</td><td>다슬기국밥(올갱이국밥), 도토리묵밥, 도토리밥(꿀밤밥), 보리밥, 무밥, 밤묵밥, 비지밥, 팥잎밥, 산채비빔밥, 소백산산채비빔밥, 참취오곡쌈밥(취나물쌈밥), 표고버섯밥</td></tr>
<tr><td colspan="2">죽(10)</td><td>갱시기(갱싱이죽) 1·2, 누룽지인삼닭죽, 호박새알죽, 도토리죽, 보리죽, 비지죽, 빠람죽, 수수풀떼기(수수풀떼), 호박죽</td></tr>
<tr><td colspan="2">미음·범벅·응이(3)</td><td>수숫가루범벅, 호박범벅 1·2</td></tr>
<tr><td colspan="2">국수·수제비(11)</td><td>생선국수, 칡국수(칡칼국수), 꿩칼국수, 나박김치냉면, 들깨칼국수, 산채도토리냉면, 쑥칼국수, 토리면, 개떡수제비, 쑥수제비, 호박수제비(호박잎수제비)</td></tr>
<tr><td colspan="2">만두(4)</td><td>고추지만두, 꿩만두, 냉이만두, 오색만두찜</td></tr>
<tr><td colspan="2">떡국(3)</td><td>미역생떡국, 다슬기생떡국(올갱이날떡국), 생떡국(날떡국)</td></tr>
<tr><td colspan="2">기타(1)</td><td>호박청</td></tr>
<tr><td rowspan="23">부식류
(102)</td><td colspan="2">국(17)</td><td>쏘가리매운탕, 옥계백숙, 인삼메기탕, 콩국, 콩비지탕, 다슬기국(올갱이국, 고딩이국), 넙치아욱국, 두릅냉국, 메기매운탕, 시래기국, 엄나무삼계탕(엄나무백숙), 용봉탕, 청포묵국, 괴산추어탕, 추어탕, 콩김칫국, 토란국</td></tr>
<tr><td colspan="2">찌개·전골(9)</td><td>무청시래기찌개, 새뱅이찌개(민물새우찌개), 청국장찌개, 콩나물찌개, 호박지찌개, 무우거지장, 팥잎장, 닭전골(닭사리), 소백산버섯전골</td></tr>
<tr><td colspan="2">김치(13)</td><td>고추소박이, 더덕물김치, 무잎김치(진잎김치), 가지김치, 달래김치, 박김치, 순무밴댕이김치, 시금치김치, 열무물김치, 오이소배추김치, 쪽파김치, 총각김치, 파짠지</td></tr>
<tr><td rowspan="3">나물(8)</td><td>생 채</td><td></td></tr>
<tr><td>숙채(7)</td><td>늙은호박나물, 산나물무침, 오가리나물, 참죽나물, 콩나물짠지, 취나물, 인삼취</td></tr>
<tr><td>기타(1)</td><td>칡묵무침</td></tr>
<tr><td colspan="2">구이(3)</td><td>더덕구이, 대청호장어구이, 표고버섯양념구이</td></tr>
<tr><td colspan="2">조림·지짐이(5)</td><td>마른조갯살조림, 참마자조림(참매자조림), 도리뱅뱅이 1·2, 무왁저지</td></tr>
<tr><td colspan="2">볶음·초(1)</td><td>말린도토리묵볶음</td></tr>
<tr><td colspan="2">전·적(11)</td><td>다슬기산적(올갱이산적), 도토리전, 칡전, 무적(무왁적), 가죽장떡(참죽장떡), 가죽전(가죽잎부침개), 늙은호박전(누렁호박전), 도토리밀쌈, 메밀전병, 송이버섯산적, 호박오가리누르미</td></tr>
<tr><td colspan="2">찜·선(5)</td><td>참붕어찜, 메기찜, 붕어찜, 상어찜, 밤선</td></tr>
<tr><td colspan="2">회(3)</td><td>다슬기무침(올갱이무침), 민물비빔회(청풍향어비빔회), 추어숙회</td></tr>
<tr><td colspan="2">마른반찬(5)</td><td>고추부각, 가죽잎부각, 죽순부각, 돼지고기육포, 빙어튀김</td></tr>
<tr><td colspan="2">순대·편육·족편(1)</td><td>산채순대</td></tr>
<tr><td colspan="2">묵·두부(2)</td><td>밤묵, 칡묵</td></tr>
<tr><td colspan="2">쌈</td><td></td></tr>
<tr><td colspan="2">장아찌(11)</td><td>더덕장아찌, 표고장아찌 1·2, 감장아찌, 고추젓, 깻잎장아찌 1·2, 무장아찌, 초피장아찌, 풋고추초장아찌(초고추) 1·2</td></tr>
<tr><td colspan="2">젓갈·식해</td><td></td></tr>
<tr><td colspan="2">장(7)</td><td>찹쌀고추장, 담북장, 막장, 보리고추장, 쑥된장, 인삼고추장, 청국장</td></tr>
<tr><td colspan="2">식초(1)</td><td>감식초</td></tr>
<tr><td colspan="2">기 타</td><td></td></tr>
</table>

대분류	중분류	지역/상용음식
떡 류 (28종)	떡	도토리떡 1·2, 칡개떡, 수수부꾸미 1·2, 수수벙거지, 승검초편(당귀편), 호박고지떡, 호박송편, 감떡개(감또개떡) 1·2, 감자삼색송편, 도라지껍질떡, 도토리찰편, 막편, 망개떡, 밀기울떡, 볍씨쑥버무리떡, 수리취인절미, 약편(대추편), 옥수수칡잎떡, 장떡, 칡부꾸미, 칡송편, 해장떡, 햇보리떡, 호박고지찰시루떡, 호박부꾸미
과정류 (18)	유밀과(3)	쌀약과, 인삼약과, 호박약과
	유 과	
	다식(1)	약초다식
	정과(6)	감자정과, 고구마정과, 무정과, 인삼정과, 연근정과, 도라지정과
	과편(2)	호박과편, 오미자편
	숙실과	
	엿강정	
	당(엿)(4)	무릇곰 1·2, 무엿, 칡조청
	기타(2)	모과구이, 섭산삼
음청류(5)	음 청	대추곰(대추고음), 감잎차, 봉수탕, 순채효소차, 호박식혜
주 류(3)	술	대추술, 뽕나물술(상지주), 솔잎주(송엽주)

밥

다슬기국밥(올갱이국밥)

재 료

다슬기 100g • 밥 210g(1공기) • 아욱 150g • 부추 150g • 달걀 50g(1개) • 밀가루 15g(2큰술) • 물 적량 • 된장 1큰술 • 고추장 1큰술 • 고춧가루 1작은술 • 다진 파 1큰술 • 다진 마늘 ½큰술 • 소금 · 후춧가루 약간

만드는 법

1. 다슬기는 5시간 정도 물에 담가 해감을 빼고 깨끗이 씻어 물때를 제거한 다음 끓는 물에 다슬기를 넣고 삶는다.
2. 다슬기가 익으면 삶은 물은 따로 두고 다슬기만 건져 바늘로 살을 빼 놓고 껍질은 버린다.
3. 2의 다슬기살에 밀가루와 달걀물을 입혀 둔다.
4. 부추와 아욱은 물에 씻어 적당하게 썰어 둔다.
5. 다슬기 삶은 물과 물을 반반 섞어 된장과 고추장을 풀어 넣고 끓으면 부추와 아욱을 넣고 고춧가루, 다진 파, 다진 마늘, 후춧가루를 넣고 소금으로 간을 맞춘다.
6. 마지막으로 3의 다슬기를 넣고 한소끔 더 끓여 낸다.
7. 국밥그릇에 밥을 먼저 담고 다슬기국을 위에 담아 낸다.

2

3

5

6

참고사항

예전에는 다슬기(올갱이)의 담백함이 사라진다고 하여 달걀물을 입히지 않고 조리하기도 하였고, 다슬기를 넣고 끓일 때 된장으로 간을 하기도 한다.

출 처

충청북도, 향토건강음식 충북의 맛 100선, 1996

조리시연자

정락신, 충청북도 청주시 상당구 용암동

도토리묵밥

재 료

도토리묵 250g(1모) • 달걀 50g(1개) • 김치 100g • 김 2g(1장) • 육수 1.2L(6컵) • 통깨 1큰술 • 참기름 약간

양념장 간장 2큰술 • 다진 파 1작은술 • 마늘 5g(1쪽) • 참기름 1작은술

만드는 법

1. 도토리묵은 굵게 채 썬다(7×1×1cm).
2. 김치는 국물을 꼭 짠 후 송송 썰어(0.5cm) 참기름에 볶아 놓고, 김을 구워 부순다.
3. 달걀은 흰자와 노른자를 분리하여 황백지단을 부쳐 채 썬다(5×0.2×0.2cm).
4. 채 썬 묵을 그릇에 담고 양념장으로 간을 한 육수를 부은 다음 볶은 김치, 황백지단, 통깨, 김가루를 고명으로 얹는다.

1

2

3

4

✻ 참고사항

소백산과 속리산 주변 지역은 쌀이 귀해 예부터 도토리를 주원료로 한 묵, 전, 전병, 송편 등의 음식을 많이 먹었다. 도토리는 흉년에는 끼니를 이어 주던 구황식품이어서 옛날 수령들은 새 고을에 부임하면 맨 먼저 떡갈나무를 심어 기근에 대비하는 것이 관습이 되었으며 떡갈나무를 '한목(韓木)'이라고까지 불렀다. 특히 충청도 지역의 도토리묵은 예부터 선비들이 간식으로 많이 먹었던 음식으로, 조선시대 중엽 과거를 보러 가는 박달도령에게 정성을 다해 도토리묵을 싸 주던 금봉낭자의 애틋한 사랑을 담은 전설로서 박달재의 도토리묵이 유명하다.

출 처
농촌진흥청, 향토음식, www2.rda.go.kr/food/, 2006

정보제공자
김윤자, 충청북도 보은군 내북면 상궁리

조리시연자
정락신, 충청북도 청주시 상당구 용암동

밥

도토리밥(꿀밤밥)

재 료

쌀 360g(2컵) • 도토리 15개 • 밥 짓는 물 470mL(2⅓컵)

만드는 법

1. 도토리는 겉껍질과 속껍질을 모두 제거하고 물에 담가 떫은 맛을 우려 낸 다음 끓는 물에 도토리를 살짝 삶아낸다.
2. 쌀은 깨끗이 씻어 밥을 짓는다. 밥이 끓어오르면 삶은 도토리를 넣고 뜸을 들인다.

출 처

영동군농업기술센터 영동군생활개선회 향토음식연구회, 감고을 영동의 우리 맛 발자취, 2003

밥

보리밥

재 료

보리쌀 360g(2½컵) • 쌀 360g(2컵) • 강낭콩 200g(1컵) • 밥 짓는 물 900mL(4½컵)

만드는 법

1. 보리쌀은 씻어 일어서 물을 붓고 약 20분간 삶아 보리쌀이 익어서 퍼지려고 할 때에 물을 따라 내고 뜸을 들여 여분의 물기를 거둔다.
2. 1의 보리쌀과 씻은 쌀, 강낭콩을 섞고 물을 부어 센 불에서 끓인다.
3. 2가 끓으면 약한 불에서 20~30분 정도 뜸을 들인 다음 센 불에 잠시 두었다가 밥을 푼다.

참고사항

보리쌀만으로 짓는 밥을 꽁보리밥이라고 한다. 보리쌀의 양은 적당히 가감한다.

출 처

문화공보부 문화재관리국, 한국민속종합조사보고서(향토음식 편), 1984

고문헌

조선요리제법(보리밥), 조선무쌍신식요리제법(맥반 : 麥飯)

밥

무밥

재 료

쌀 360g(1컵) • 무 200g • 밥 짓는 물 400mL(2컵)

양념장 간장 2큰술 • 고춧가루 ½작은술 • 다진 파 1작은술 • 다진 마늘 ½작은술 • 깨소금 ½작은술 • 참기름 ½작은술

만드는 법

1. 무는 굵게 채 썬다(5×0.3×0.3cm).
2. 쌀은 깨끗이 씻어 물에 불렸다가 물기를 뺀다.
3. 냄비 바닥에 무를 깔고 쌀, 무순으로 켜켜이 올린다.
4. 밥 짓는 물을 붓고 센 불에서 끓인 후 중불에서 익히고 약한 불에서 서서히 뜸들인다.
5. 밥과 무를 고루 섞어 그릇에 담고 양념장을 곁들인다.

참고사항

무가 제일 맛있는 가을과 겨울철에 밥의 양을 늘려 먹기 위해 무를 채 썰어 쌀 위에 얹고 밥을 지어 먹었다. 뜨거울 때 참기름 양념장에 비벼 먹어야 제 맛이 나며, 무에 수분이 많으므로 밥을 지을 때는 물을 적게 넣어야 한다.

출 처

영동군농업기술센터 영동군생활개선회 향토음식연구회, 감고을 영동의 우리 맛 발자취, 2003

정보제공자

문금순, 충청북도 진천군 백곡면 사송리

밤묵밥

재 료

밤 전분 150g(1컵) • 물 800mL(4컵) • 달걀 50g(1개) • 배추김치 50g • 김 2g(1장) • 육수 1.2L(6컵) • 식용유 적량

양념장 간장 2큰술 • 다진 파 1작은술 • 다진 마늘 ½작은술 • 참기름 1작은술 • 깨소금 1작은술

만드는 법

1. 바닥이 두꺼운 냄비에 밤 전분 1컵에 물 4컵의 비율로 섞어 넣어 나무주걱으로 저어 가며 걸쭉하게 끓여 묵을 쑨 다음 묵 틀에 면포를 깔고 부어 식힌 후 굳으면 적당한 크기로 썬다.
2. 달걀은 황백지단을 부쳐 곱게 채 썰고(5×0.2×0.2cm), 김은 구워 부순다.
3. 김치는 송송 썰어(0.5cm) 달군 팬에 식용유를 두르고 볶는다.
4. 묵을 1cm 두께로 채 썰어 그릇에 담은 후 육수를 붓고, 황백지단채와 구운 김가루, 볶은 김치를 얹는다.
5. 상에 낼 때 양념장을 곁들인다.

참고사항

- 밤 전분 만드는 방법 : 밤은 껍질을 벗겨 내고 물을 조금씩 부어 가며 맷돌이나 분쇄기에 간 다음 고운체에 걸러 무거리를 제거한다. 가라앉은 밤 전분을 넓은 쟁반에 담아 햇볕이나 건조기에 말려 전분을 만든다.
- 묵은 향토성과 계절성을 두루 갖춘 음식이다. 밤묵의 경우 충청도의 향토음식으로 충청도 공주 지방에는 밤나무가 많이 재배되고 있어 밤의 생산이 타 지방보다 많은 편이다. 따라서 밤을 이용한 다양한 밤묵국수, 밤떡국, 밤다식 등의 향토음식이 있다.

정보제공자
김미숙, 충청북도 옥천군 청성면 구음리

밥

비지밥

재 료

쌀 360g(2컵) • 비지 200g • 밥 짓는 물 470mL(2½컵)

만드는 법

1. 쌀은 깨끗이 씻어 30분 정도 물에 불린 다음 밥을 짓는다.
2. 뜸들일 때 비지를 한쪽에 넣고 밥이 다 되면 비지와 함께 짓이긴다.

출 처
영동군농업기술센터 영동군생활개선회 향토음식연구회, 감고을 영동의 우리 맛 발자취, 2003

밥

팥잎밥

재 료

쌀 360g(2컵) • 팥잎 20장 • 밥 짓는 물 470mL(2⅓컵)

만드는 법

1. 팥잎을 따서 찜통에 쪄 말린다.
2. 쌀을 씻어 밥을 할 때 팥잎을 잘게 썰어 넣는다.
3. 밥이 다 되면 팥잎과 밥을 골고루 잘 섞는다.

출 처
영동군농업기술센터 영동군생활개선회 향토음식연구회, 감고을 영동의 우리 맛 발자취, 2003

산채비빔밥

재 료

쌀 360g(2컵) • 취나물 10g • 더덕 10g • 고사리 10g • 건표고버섯 10g(3개) • 말린 도토리묵 10g • 시금치 20g • 도라지 20g(1뿌리) • 달걀 100g(2개) • 밥 짓는 물 470mL(2⅓컵) • 참기름 · 다진 파 · 다진 마늘 · 소금 약간 • 식용유 적량

양념 고추장 고추장 2큰술 • 설탕 약간 • 통깨 ½큰술

만드는 법

1. 쌀은 깨끗이 씻은 후 밥을 짓는다.
2. 취나물, 건표고버섯, 고사리, 도토리묵 말린 것은 삶은 뒤 물에 충분히 불린 다음 팬에 식용유를 두르고 소금으로 간하여 볶는다.
3. 시금치는 잘 손질해서 삶아 소금, 다진 파, 다진 마늘, 참기름을 넣어 무친다.
4. 도라지는 소금을 넣고 주물러 팬에 식용유를 두르고 볶는다.
5. 더덕은 반으로 갈라 약간의 양념 고추장에 무쳐 둔다.
6. 그릇에 밥을 넣고 준비해 둔 2, 3, 4, 5의 재료를 모양 있게 담는다.
7. 양념 고추장과 달걀프라이를 얹어 낸다.

출 처

충청북도 농촌진흥원, 충북의 향토음식, 1993

소백산산채비빔밥

재 료

쌀 · 도토리묵 · 미나리 · 더덕 · 숙주 · 도라지 · 고사리 · 느타리버섯 · 표고버섯 · 물 · 된장 · 고추장 · 다진 파 · 다진 마늘 · 소금 적량

쌈 채소 곰취 · 단배추 · 머위잎 · 치커리 · 깻잎 · 호박잎 · 쇠뜽나물 · 왕고들빼기 적량

만드는 법

1. 쌀은 깨끗이 씻어 물에 불렸다가 밥을 짓는다.
2. 느타리버섯, 도토리묵, 더덕, 표고버섯, 도라지, 고사리, 숙주, 미나리는 끓는 물에 살짝 데친 후 소금, 다진 파, 다진 마늘을 넣어 무친다.
3. 쌈 채소는 깨끗하게 씻어 다듬는다.
4. 그릇에 밥을 넣고 2의 재료들을 돌려 가며 담고 고추장을 얹어 낸다. 또는 2의 재료들을 골고루 신선한 산채에 밥과 쌈장을 곁들여 쌈을 싸 먹는다.

참고사항

- 소백산에서 자생하는 참취와 고사리, 도토리, 도라지를 말려 두었다가 보름날 해먹거나 남은 음식으로 비빔밥을 해먹었다.
- 마늘즙을 넣어 담근 마늘고추장에 비벼 먹으면 더욱 맛있다.

출 처
충청북도, 향토건강음식 충북의 맛 100선, 1996

정보제공자
장학이, 충청북도 단양군 대강면 방곡리

참취오곡쌈밥(취나물쌈밥)

재 료

멥쌀 180g(1컵) • 찹쌀 340g(2컵) • 팥 110g(½컵) • 콩 80g(½컵) • 조 70g(½컵) • 참취(잎이 큰 것) 20장 • 밥 짓는 물 1L(5컵) • 참기름 · 소금 약간

쌈장 된장 1큰술 • 참기름 ½큰술

만드는 법

1. 멥쌀, 찹쌀, 팥, 콩, 조는 깨끗이 씻어 물에 불린 후 소금을 약간 넣고 고슬고슬하게 오곡밥을 짓는다.
2. 한 김 나간 밥에 참기름을 넣고 고루 섞은 후 손으로 꼭꼭 쥐어 타원형의 주먹밥을 만든다.
3. 참취는 줄기를 제거하고 끓는 물에 소금을 약간 넣어 살짝 데친 다음 찬물에 헹구어 마른 면포로 물기를 제거하여 참기름으로 양념한다(손으로 너무 꼭 짜면 물러진다).
4. 참취잎에 주먹밥을 넣어 쌈을 싸고 쌈장을 곁들인다.

출 처
농촌진흥청, 향토음식, www2.rda.go.kr/food, 2006

표고버섯밥

재 료

쌀 360g(2컵) • 표고버섯 100g(7개) • 송이버섯 50g • 싸리버섯 50g • 당근 70g(½개) • 양파 80g(½개) • 밥 짓는 물 470mL (2⅓컵) • 식용유 1큰술 • 소금 약간 • 참기름 적량

양념장 간장 2큰술 • 고춧가루 ½작은술 • 다진 파 1작은술 • 다진 마늘 ½작은술 • 깨소금 ½작은술 • 참기름 ½작은술

만드는 법

1. 쌀은 깨끗이 씻어 물에 불려 놓는다.
2. 표고버섯은 채 썰고, 싸리버섯은 물에 담가 쓴맛을 제거하고, 송이버섯은 0.5cm 굵기로 찢어 소금, 참기름으로 밑간을 한다.
3. 당근과 양파는 채 썰어(5×0.3×0.3cm) 소금을 살짝 뿌렸다가 팬에 식용유를 두르고 살짝 볶아 둔다.
4. 솥이 달구어지면 식용유를 두르고 2와 3을 볶다가 불린 쌀을 넣고 물을 부어 밥을 짓는다.
5. 뜨거울 때 양념장을 넣고 비빈다.

참고사항

표고버섯밥은 밥을 지을 때 채소와 여러 가지 버섯을 넣고 밥을 지어 양념장에 비벼 먹는 것인데, 재료가 식물성 식품이라 중북 지방에서는 건강식으로 인기가 높다.

정보제공자
지순분, 충청북도 단양군 단양읍 도전리

죽

갱시기(갱싱이죽)

방법 1

재 료

찬밥 210g(1공기) • 고구마 100g(½개) • 감자 100g(⅔개) • 배추김치 150g • 콩나물 100g • 풋고추 30g(2개) • 붉은 고추 15g(1개) • 대파 20g(½뿌리) • 물 1.2L(6컵) • 소금 적량

만드는 법

1. 고구마와 감자는 껍질을 벗겨 깍둑썰기(사방 2cm) 한다.
2. 김치는 0.5cm 길이로 송송 썰어 놓고, 풋고추와 붉은 고추, 대파는 어슷하게 썬다.
3. 냄비에 물을 붓고 찬밥, 고구마, 감자, 김치, 콩나물을 넣고 끓이다가 어느 정도 익으면 풋고추, 붉은 고추, 대파를 넣어 한소끔 더 끓인 다음 소금으로 간을 맞춘다.

출 처
영동군농업기술센터 영동군생활개선회 향토음식연구회, 감고을 영동의 우리 맛 발자취, 2003

정보제공자
김순호, 충청북도 영동군 용산면 하곡리

조리시연자
박명자, 충청북도 충주시 상모면 안보리

고문헌
조선요리제법(김치죽)

방법 2

재 료

찬밥 210g(1공기) • 배추김치 100g • 고구마 100g(½개) • 물 1.2L(6컵) • 소금 1작은술 • 어슷썬 대파 2큰술 • 다진 마늘 1큰술 • 된장 1큰술

수제비 반죽 밀가루 220g(2컵) • 물 150mL(¾컵)

만드는 법

1. 분량의 밀가루와 물을 섞고 치대어 수제비 반죽을 만들어 놓는다.
2. 김치는 잘게 썰고, 고구마는 껍질을 벗긴 다음 깍둑썬다(사방 3cm).
3. 끓는 물에 고구마, 김치를 넣어 끓인 후 된장을 풀고 밥을 넣어 끓인다.
4. 고구마가 익을 정도가 되면 수제비를 떼어 넣은 다음, 어슷 썬 대파와 다진 마늘을 넣고 소금으로 간을 한다.

참고사항

죽은 쌀만으로 만드는 것이 아니라 곡물에 여러 가지 채소나 산채를 섞어서 쑨 죽에 약효를 기대하기도 하였다. 『임원십육지』에는 무죽, 당근죽, 쇠비름죽, 근대죽, 시금치죽, 냉이죽, 아욱죽 등을 『본초강목』에서 인용하여 그 효능과 아울러 설명하고 있다. 그 밖에 참깨죽, 마죽, 대추죽, 밤죽, 연밥죽, 마름죽, 잣죽, 도토리죽, 호두죽, 개암죽 등이 각종 조리서에 보인다.

죽

누룽지인삼닭죽

재료

찹쌀 160g(1컵) • 미나리 30g • 실파 20g • 밥 짓는 물 330mL(1⅔컵) • 소금 · 후춧가루 약간

육수 닭발 200g • 닭뼈 100g • 말린 미삼 30g • 마늘 30g(1통) • 생강 10g(2쪽) • 물 3L(15컵) • 청주 · 소금 약간

만드는 법

1. 찹쌀은 씻어 일어 2시간 정도 물에 불려 건진 다음 돌솥이나 옹기솥에 안치고 분량의 물을 부어 밥을 짓는다. 끓어오르면 주걱으로 휘저은 다음 불을 아주 약하게 하여 밑이 노릇하게 눌 때까지 둔다.
2. 냄비에 물을 넣고 끓으면 닭발과 닭뼈를 넣는다. 한소끔 끓으면 국물을 따라 버리고 다시 찬물 15컵을 붓고 미삼과 마늘, 생강, 청주를 같이 넣어 끓여 닭육수가 뽀얗게 되면 체에 걸러 소금으로 간을 한다.
3. 밥이 눌면 밥은 떠내고 간을 맞춘 닭육수를 부은 다음 다시 약한 불로 끓인다. 누룽지가 숟가락으로 떠서 떨어지면 불을 끄고 실파나 미나리를 송송 썰어(0.5cm) 넣는다.
4. 소금과 후춧가루를 곁들인다.

참고사항

- 찹쌀누룽지를 만들어 닭육수와 미삼을 넣어 끓인 부드러운 음식이며 보양식으로 먹었다.
- 미삼은 인삼의 잔뿌리로 약재나 식품 또는 기호식품 따위의 재료를 이르는 말이다.

출 처
네이버사전(백과사전), 100.naver.com/, 2006

조리시연자
조월순, 충청북도 음성군 원남면 삼랑리

죽

호박새알죽

재 료

늙은 호박 500g • 찹쌀가루 50g(½컵) • 반죽물 200mL(1컵) • 팥 40g(¼컵) • 콩 40g(¼컵) • 밤 50g(3개) • 물 600mL(3컵) • 소금 약간 • 설탕 4큰술

만드는 법

1. 늙은 호박은 껍질을 벗기고 씨를 긁어 낸 다음 2cm 두께로 썬다.
2. 콩과 팥은 물에 충분히 불린 후 물을 부어 푹 삶고, 밤도 삶아 둔다.
3. 썰어 놓은 호박을 냄비에 담고 물을 자작하게 부어 호박 덩어리가 보이지 않을 때까지 무르게 삶는다.
4. 찹쌀가루를 익반죽하여 새알심을 빚어 3에 넣고 끓인다.
5. 삶은 팥, 콩, 밤을 넣고 잠시 더 끓인 후 설탕으로 간을 한다.

조리시연자
김정숙, 충청북도 청원군 강외면 동평2리

죽

도토리죽

재 료

쌀 160g(1컵) • 도토리가루 30g(¼컵) • 물 1.2L(6컵) • 소금 1큰술

만드는 법

1. 쌀은 씻어 물에 불려 분쇄기로 곱게 갈고, 도토리가루는 물에 풀어 놓는다.
2. 냄비에 곱게 간 쌀을 넣어 죽을 끓이다가 도토리가루를 넣는다. 이때 쌀 양의 6배 정도 물을 세 번에 나누어 넣어 가면서 끓인다.
3. 죽이 다 되면 소금을 넣고 한소끔 더 끓인다.

출 처
영동군농업기술센터 영동군생활개선회 향토음식연구회, 감고을 영동의 우리 맛 발자취, 2003

죽

보리죽

재 료

보리 160g(1컵) • 부추 30g • 물 1.2L(6컵) • 소금 1작은술

만드는 법

1. 보리는 씻어 4시간 정도 물에 불린 다음 분쇄기에 성글게 간다.
2. 갈아 놓은 보리를 냄비에 넣고 물을 부어 중불에서 저어 가면서 끓인다.
3. 부추는 송송 썰어(0.5cm) 보리죽이 어느 정도 익으면 넣는다.
4. 마지막으로 뚜껑을 덮어 뜸을 들인다. 먹기 전에 소금으로 간한다.

출 처
영동군농업기술센터 영동군생활개선회 향토음식연구회, 감고을 영동의 우리 맛 발자취, 2003

정보제공자
윤선혁, 충청북도 청주시 상당구 산성동

고문헌
증보산림경제(맥죽 : 麥粥), 조선요리제법(맥죽), 조선무쌍신식요리제법(맥죽 : 麥粥)

죽

비지죽

재 료

쌀 160g(1컵) • 비지 100g • 물 1.2L(6컵)

만드는 법

1. 쌀은 씻어 물에 담가 불려 놓은 다음 분쇄기에 곱게 갈아 놓는다.
2. 갈아 놓은 쌀과 비지에 물을 넣어 중불에서 끓인다. 먹기 직전에 소금으로 간을 한다.

출 처
영동군농업기술센터 영동군생활개선회 향토음식연구회, 감고을 영동의 우리 맛 발자취, 2003

죽

빠람죽

재 료

통보리 160g(1컵) • 쌀 160g(1컵) • 물 2L(10컵) • 소금 약간

만드는 법

1. 통보리는 볶아 곱게 빻는다.
2. 쌀은 불려서 물을 충분히 붓고 죽을 끓인다.
3. 통보릿가루를 물에 풀어 2에 넣고 저어 주면서 끓이고 소금으로 간을 한다.

정보제공자
김준임, 충청북도 영동군 영동읍 설계리

수수풀떼기(수수풀떼)

재 료

수수 360g(2½컵) • 찹쌀 80g(½컵) • 팥 80g(⅓컵) • 늙은 호박 500g • 잣 · 물 적량 • 설탕 1큰술 • 소금 약간

만드는 법

1. 수수와 찹쌀은 각각 깨끗이 씻어 일어 물에 담가 충분히 불린 다음 곱게 빻아 가루를 만든다.
2. 호박은 껍질을 벗기고 씨를 제거한 다음 물을 부어 푹 삶아 으깨고 소금으로 간을 한다.
3. 찹쌀가루는 익반죽한 후 잣을 넣고 새알심을 만든다.
4. 냄비에 물을 붓고 불린 팥을 푹 삶아 건져 낸다. 이때 설탕을 넣기도 한다.
5. 팥 삶은 물에 수숫가루를 풀어 넣고 끓이면서 으깬 호박과 새알심, 삶은 팥을 넣고 끓인 다음 소금으로 간을 맞춘다.

참고사항

수수풀떼는 식량이 모자랐던 시절에 수수와 팥, 호박 등을 넣어서 끓여 밥 대신 끼니를 삼았던 음식이다.

정보제공자
이춘자, 충청북도 청원군 가덕면 상야리

죽

호박죽

재 료

늙은 호박 800g(¼개) • 밀가루 30g(¼컵) • 찹쌀 80g(½컵) • 물 600mL(3컵) • 설탕 1큰술 • 소금 약간

만드는 법

1. 늙은 호박은 깨끗이 씻은 후 꼭지 부분을 도려 내고 반으로 갈라 적당한 크기로 썬다.
2. 호박 껍질을 벗겨 씨를 빼낸 후 냄비에 넣고 물을 조금 부어서 푹 익힌다. 이때 중간에 나무주걱으로 으깨면서 삶으면 더 빨리 익힐 수 있다.
3. 호박이 익으면 체에 으깨거나 분쇄기에 곱게 갈아 놓는다.
4. 찹쌀은 깨끗이 씻어 물에 충분히 불렸다가 건져서 분쇄기에 곱게 갈아 놓는다.
5. 냄비에 3의 호박을 넣고 분량의 물을 넣어 한소끔 끓인 후 찹쌀 간 것과 밀가루를 넣어 되직하게 끓이고 설탕, 소금으로 간을 한다.

참고사항

늙은 호박은 저장성이 좋기 때문에 겨우내 두고 먹었으며 호박죽을 만들어 겨울철에 부족되기 쉬운 비타민 A를 보충했다.

정보제공자
김정숙, 충청북도 청원군 강외면
석정숙, 충청북도 보은군 탄부면 평각리
정향자, 충청북도 충주시 앙성면 돈산리
한복남, 충청북도 청주시

미음 · 범벅 · 응이

수숫가루범벅

재 료

찰수숫가루 90g(1컵) • 늙은 호박 750g(¼개) • 찹쌀가루 100g(1컵) • 반죽물 3큰술 • 콩 60g(⅓컵) • 팥 60g(¼컵) • 물 적량 • 소금 ½큰술 • 설탕 1큰술

만드는 법

1. 호박은 씻어 껍질을 벗기고 씨를 긁어 낸 다음 적당한 크기로 썰어 푹 삶는다.
2. 찹쌀가루는 익반죽하여 새알심을 만들어 놓는다.
3. 호박이 익으면 체에 밭쳐 으깬 다음 물을 조금 붓고 끓인다. 한소끔 끓으면 콩과 팥을 넣어 끓인다.
4. 콩과 팥이 거의 익어갈 무렵 새알심을 넣고 수숫가루를 물에 개어 조금씩 넣으면서 농도를 맞춘 후 먹기 직전에 소금과 설탕을 넣어 간을 맞춘다.

1

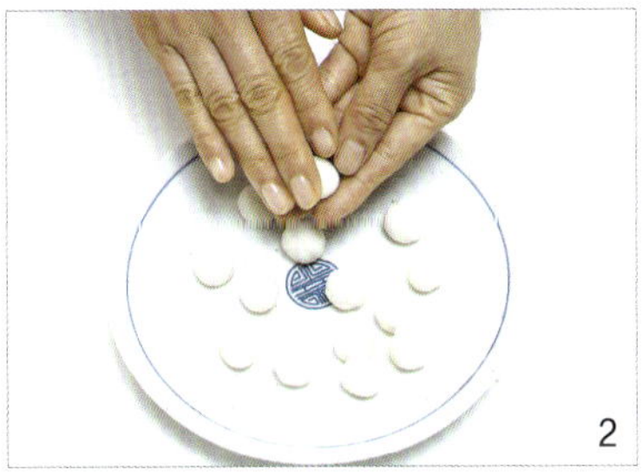

2

3

4

참고사항

수숫가루, 늙은 호박, 콩과 팥을 섞어 만든 범벅은 쌀에 비해 섬유소나 단백질이 많아 밥 대신 많이 만들어 먹었던 음식이다.

정보제공자
지숙현, 충청북도 진천군 삼덕면

조리시연자
정락신, 충청북도 청주시 상당구 용암동

미음 · 범벅 · 응이

호박범벅

방법 1

재 료

늙은 호박 500g • 팥 160g(¾컵) • 콩 80g(½컵) • 옥수수 알갱이 50g(⅓컵) • 밤 50g(3개) • 고구마 50g(⅕개) • 찹쌀가루 100g(1컵) • 물 1L(5컵) • 소금 · 설탕 약간

만드는 법

1. 늙은 호박은 4등분하여 씨를 빼고 껍질을 벗겨 적당한 크기로 썬 다음 솥에 넣고 푹 고아 덩어리가 없도록 으깬다.
2. 팥, 콩, 옥수수와 잘게 썬 밤과 고구마는 3배 정도의 물을 붓고 살짝 삶는다.
3. 2에 1을 넣고 끓기 시작하면 찹쌀가루의 반을 물에 되직하게 풀어 넣으면서 눌어 붙지 않게 저어 준다.
4. 나머지 찹쌀가루는 익반죽하여 새알심을 만들어 3에 넣고 새알심이 떠오르면 불을 끈다.
5. 먹기 직전 소금 간을 맞추고 입맛에 따라 설탕을 넣어 먹기도 한다.

참고사항

범벅은 풀처럼 되게 쑨 죽의 일종으로, 1700년대의 『음식보(飮食譜)』에 '범벅같이' 라는 말이 나오는 것으로 보아 꽤 오래된 음식임을 알 수 있다.

출 처

충청북도 농촌진흥원, 충북의 향토음식, 1993

정보제공자

김순호, 충청북도 영동군 용산면 하곡리

박경분, 충청북도 진천군 진천읍 지암리

❙ 방법 2 ❙

재 료

늙은 호박 1.2kg(½통) • 찹쌀가루 320g(3컵) • 차조가루 1컵 • 팥 170g • 강낭콩 160g • 물 1.6L(8컵) • 소금 3작은술

만드는 법

1. 늙은 호박은 깨끗이 씻어 반으로 잘라서 씨는 긁어 내고 냄비에 엎어 놓는다.
2. 팥, 강낭콩은 씻어 일어서 호박과 같이 넣고 물을 부어 끓인다.
3. 끓기 시작하고 20~30분이 지나 호박이 잘 익었으면 호박을 꺼내어 주걱으로 호박살을 긁어 낸다. 이렇게 하면 얇게 껍질만 남기고 살을 잘 긁어 낼 수 있다.
4. 긁어 낸 호박살을 다시 팥과 콩이 든 냄비에 넣어 계속해서 끓이다가 팥과 콩이 잘 익었을 때 찹쌀가루와 차조가루를 섞어 넣으면서 저어 준다.
5. 눌어 붙지 않도록 저으면서 끓이고 소금으로 간을 맞춘 후 30분 정도 지나면 불을 약하게 하여 뜸을 들인다.

❁ 참고사항

호박범벅은 그릇에 퍼서 한 김 나간 후부터 먹는데, 그대로 먹기도 하고 한 숟가락씩 떠서 콩고물 또는 팥고물을 묻혀 먹기도 한다.

출 처

문화공보부 문화재관리국, 한국민속종합조사보고서(향토음식 편), 1984

생선국수

재 료

민물고기(모래무지, 메기, 빠가사리 등) 300g • 밀국수 200g • 애호박 40g • 미나리 50g • 깻잎 10g(5장) • 풋고추 30g(2개) • 대파 35g(1뿌리) • 물 2.4L(12컵) • 마늘 10g(2쪽) • 고추장 1큰술 • 소금 적량 • 후춧가루 약간

만드는 법

1. 민물고기를 냄비에 넣고 물을 부어 뚜껑을 열고 끓이다가 중불에서 4~5시간 정도 푹 곤다.
2. 국물이 뽀얗게 우러나면 민물고기를 건져 내고 체에 걸러 가시를 발라 낸다.
3. 풋고추와 대파는 어슷하게 썰고(0.3cm), 애호박은 채 썰며(5×0.3×0.3cm), 미나리와 깻잎은 5cm 길이로 썰어 둔다.
4. 2의 국물에 고추장, 다진 마늘, 소금, 후춧가루를 넣어 간을 하고 국수를 넣어 끓인다.
5. 국물이 끓어오르면 3에서 준비한 채소를 넣고 한소끔 더 끓인다.

1

2

4

5

❋ 참고사항

옥천과 청산 일대는 내륙 지방으로 민물고기 요리가 발달한 곳이다. 옛날부터 이곳 주민들은 강이나 냇가에서 물고기를 잡으면 천렵국이라는 것을 끓여 먹었다고 한다. 천렵국이란 민물고기를 오래도록 끓여서 얼큰하게 먹는 것을 말한다. 술 마신 다음날 해장국으로 이용되는 천렵국에 국수를 만 것이 생선국수의 시작이었다.

출 처
충청북도 농촌진흥원, 충북의 향토음식, 1993

정보제공자
서금화, 충청북도 옥천군 청산면 지전리

조리시연자
정락신, 충청북도 청주시 상당구 용암동

칡국수(칡칼국수)

재 료

칡 전분 300g(2¼컵) • 밀가루 110g(1컵) • 반죽물 160mL(¾컵) • 애호박 40g • 느타리버섯 40g(2개) • 표고버섯 30g(2개) • 당근 30g • 물 2L(10컵) • 바지락 200g • 대파 20g(½뿌리) • 다진 마늘 1큰술

만드는 법

1. 바지락은 연한 소금물에 담가 해감을 뺀 다음 물을 붓고 끓여 바지락국물을 만든다.
2. 느타리버섯은 길게 손으로 찢고, 표고버섯은 기둥을 떼어 채 썰고, 호박과 당근도 같은 크기로 채 썬다(5×0.2×0.2cm).
3. 밀가루와 칡 전분을 섞고 반죽물을 부어 반죽한 다음 밀가루를 뿌려 가며 밀대로 얇게 밀어 가늘게 썬다.
4. 바지락국물이 끓으면 칡국수와 느타리버섯, 표고버섯, 호박, 당근을 넣고 끓이다가 어슷썬 대파를 넣고 소금으로 간한다.

참고사항

칡은 산 속에 자생하는 무공해식품으로, 칡 전분을 채취해 두었다가 묵, 전, 국수를 만들어 먹었다.

출 처

농촌진흥청, 향토음식, www2.rda.go.kr/food/, 2006

조리시연자

이금복, 충청북도 괴산군 청천면 사담리

꿩칼국수

재 료

꿩 500g(½마리) • 밀가루 220g(2컵) • 생콩가루 100g(¾컵) • 반죽물 100mL(½컵) • 애호박 150g(⅓개) • 달걀 50g(1개) • 풋고추 60g(4개) • 대파 20g(½뿌리) • 생강 10g(2쪽) • 물 3L(15컵) • 국간장 6큰술 • 소금 적량

호박 양념 다진 파 ½큰술 • 다진 마늘 ½큰술 • 참기름 ½작은술 • 깨소금 ½큰술

꿩고기 양념 다진 파 ½큰술 • 다진 마늘 ½큰술 • 고춧가루 1큰술 • 참기름 ½작은술

만드는 법

1. 꿩고기는 물을 넉넉히 붓고 무르게 삶는다. 도중에 대파, 생강을 통째로 넣어 냄새를 없앤다.
2. 밀가루에 콩가루, 소금, 물을 넣고 반죽하여 말랑말랑해지면 젖은 면포로 싸둔다.
3. 반죽을 밀대로 얇게 밀어서 병풍처럼 여러 번 접어 굵게 채 썬다.
4. 달걀은 잘 풀어 황백지단을 부쳐 곱게 채 썬다.
5. 애호박은 채 썰어(5×0.2×0.2cm) 소금을 뿌려 절였다가 꼭 짠 다음 달군 팬에 식용유를 두르고 볶으면서 양념한다.
6. 1의 꿩고기를 건져 낸 다음 살을 뜯어서 양념에 무치고 국물은 체에 걸러 육수를 만든다.
7. 꿩육수에 국간장과 소금으로 간을 하고 끓으면 칼국수를 넣어 끓여 낸다. 그릇에 담을 때 황백지단, 애호박, 양념한 꿩고기를 얹는다.

❁ 참고사항

- 고려 · 조선시대에는 특별한 때 먹는 귀한 음식이 칼국수였다. 밀가루가 흔하지 않았기 때문에 메밀이 주재료였다. 그러나 공식적으로 밀로 만든 칼국수를 먹던 때가 있었으니, 바로 보리와 밀 수확이 끝났을 때인 유두(음력 6월 15일)로, 갓 나온 햇밀로 칼국수와 밀가루부침을 부쳐 이웃과 나눠 먹던 풍습이 있었다고 한다. 『음식디미방』에는 국수를 만드는 방법이 아주 상세하게 나와 있다.
- 꿩은 예부터 귀중하게 여겨 온 야생조류로서 꿩고기는 지방질이 적고 단백질이 풍부하여 냉면육수나 만두소로 애용되어 왔다.

출 처
충청북도 농촌진흥원, 충북의 향토음식, 1993

정보제공자
김금자, 충청북도 충주시 상모면 안보리
박명자, 충청북도 충주시 상모면 안보리

나박김치냉면

재 료

냉면 400g • 소금 2작은술 • 나박김치 800mL(4컵) • 육수 800mL(4컵)

만드는 법

1. 냉면은 삶아 씻어서 물기를 빼고 한 사리씩 대접에 담는다.
2. 나박김치에 기름기를 완전히 제거한 육수를 섞어 국물을 준비하고 소금으로 간을 맞춰서 국수에 붓는다.

참고사항

나박김치 건더기도 같이 넣고 식성에 따라서는 설탕과 식초를 조금 섞기도 한다.

출 처

문화공보부 문화재관리국, 한국민속종합조사보고서(향토음식 편), 1984

국수 · 수제비

들깨칼국수

재 료

들깨 50g(½컵) • 밀가루 220g(2컵) • 반죽물 100mL(½컵) • 표고버섯 50g(4개) • 애호박 100g(¼개) • 물 1L(5컵) • 국간장 1큰술 • 소금 ½큰술 • 다진 파 ½큰술 • 다진 마늘 ½큰술 • 식용유 ½큰술

만드는 법

1. 들깨는 잡티를 골라 내고 씻어서 일어 물에 담갔다가 건져 물 2컵을 부어 가면서 분쇄기에 곱게 간 후 체에 걸러 낸다.
2. 밀가루에 소금을 넣고 물을 부어 반죽하여 밀대로 얇게 민 다음 가늘게 썬다.
3. 애호박과 표고버섯은 5cm 길이로 채 썰어 다진 파, 다진 마늘, 소금을 넣고 볶아 낸다.
4. 냄비에 물 3컵과 걸러 놓은 들깨즙을 넣어 끓이다가 2의 칼국수를 넣고 끓인다.
5. 국수가 익으면 국간장으로 간을 하여 그릇에 담고 애호박과 표고버섯을 고명으로 얹어 낸다.

참고사항

- 밀가루 반죽을 할 때 생콩가루를 넣어 반죽하기도 한다.
- 가장 양기(陽氣)가 치솟는 음력 5월 5일에는 그 더위를 식히기 위하여 산중 스님들이 들깨칼국수를 즐겨 먹어 '승소(僧笑)' 라는 별칭이 붙었다고 한다.

출 처

충청북도 농촌진흥원, 충북의 향토음식, 1993

정보제공자

박순천, 충청북도 제천시 신백동

산채도토리냉면

재 료

도토리면 150g • 산채(묵나물) 15g • 고사리 15g • 도라지 20g(1뿌리) • 표고버섯 15g • 오이 70g(½개) • 당근 50g(⅓개) • 배 80g • 설탕 1작은술 • 식초 1큰술 • 참기름½큰술 • 깨소금½큰술 • 소금 약간

다진 양념 간장 1큰술 • 마늘 20g(5쪽) • 양파 50g(⅓개) • 고춧가루 2작은술

만드는 법

1. 묵나물, 고사리, 도라지, 표고버섯은 물에 삶아 씻어 놓고 적당한 크기로 썬 다음 소금으로 간한다.
2. 도토리면을 물에 넣고 10분간 끓인 후 투명해지면 건져 씻고 물기를 뺀다.
3. 간장, 마늘, 양파를 갈아 고춧가루와 섞어서 다진 양념을 만든다.
4. 삶은 도토리면에 다진 양념과 식초, 설탕, 참기름, 깨소금을 넣어 비빈다.
5. 오이, 당근, 배를 채 썰어(5×0.2×0.2cm) 1의 재료들과 함께 냉면 위에 얹는다.

출 처
농촌진흥청, 한국의 향토음식, 2003

국수 · 수제비

쑥칼국수

재 료

밀가루 300g(2¾컵) • 콩가루 50g(½컵) • 쑥가루 30g • 반죽물 150mL(¾컵) • 애호박 50g • 다진 마늘 1큰술 • 소금 적량

멸치장국국물 멸치 20g(10마리) • 다시마 20g(1장) • 물 2L(10컵)

양념장 간장 2큰술 • 고춧가루 ½작은술 • 다진 파 1작은술 • 다진 마늘 ½작은술 • 깨소금 ½작은술 • 참기름 ½작은술

만드는 법

1. 밀가루, 콩가루, 쑥가루에 소금과 물을 넣고 끈기가 생기도록 오래 치댄 다음 밀대로 얇게 밀어 접어서 채 썬다.
2. 냄비에 다시마와 멸치를 넣고 물을 부어 끓인 다음 체에 걸러 멸치장국국물을 만든다.
3. 애호박은 채 썬다(5×0.3×0.3cm).
4. 멸치장국국물에 1의 국수를 넣어 끓이다 채 썬 호박과 다진 마늘을 넣어 국수가 투명해지고 호박이 익어 색이 선명해질 때까지 끓인다.
5. 상에 낼 때 양념장을 곁들인다.

정보제공자
박경분, 충청북도 진천군 진천읍 지암리

국수 · 수제비

토리면

재 료

메밀가루 500g(4½컵) • 전분 15g(2큰술) • 반죽물 200mL(1컵) • 동치미국물 800mL(4컵) • 돼지고기 50g • 달걀 50g(1개) • 대파 10g(¼뿌리) • 마늘 5g(1쪽) • 동치미무 · 식초 · 겨자 · 물 적량

만드는 법

1. 메밀가루, 전분, 물을 잘 섞어 반죽하여 젖은 면포에 싸둔다.
2. 1의 반죽을 밀대로 밀어 국수를 만든 다음 끓는 물에 삶고 찬물에 헹궈 건져 놓는다.
3. 돼지고기는 대파와 마늘을 넣고 물에 푹 삶아 건져 편육을 만들어 얇게 썬다.
4. 동치미의 무는 건져서 돼지고기와 같은 크기로 썰어 두고, 동치미국물은 차게 둔다.
5. 달걀은 삶아 껍질을 까서 반으로 썬다.
6. 냉면그릇에 국수를 담고, 동치미무와 삶은 달걀, 편육을 얹은 후 시원한 동치미국물을 부어 낸다(식성에 따라 겨자와 식초를 첨가한다).

참고사항

- 쌀이 부족하던 삼국시대에 혼인날 쌀 대용으로 메밀국수를 대접하던 풍습이 전래되었으며, 시원한 동치미국물에 말아 낸 메밀국수의 얼큰한 맛이 일품이다.
- 여름에는 밀가루풀을 묽게 끓여 쪽파와 양파, 총각무로 시원한 동치미를 미리 담가 이용한다.

정보제공자
이정규, 충청북도 제천시 중앙동

개떡수제비

재 료

보리 320g(1¼컵) • 보리등겨가루 160g • 호박잎 80g • 물 적량 • 된장 2큰술

만드는 법

1. 보리는 깨끗이 씻어 맷돌이나 분쇄기에 곱게 간다.
2. 냄비에 물을 붓고 된장을 푼 다음 갈아 놓은 보리를 넣고 끓인다.
3. 호박잎은 씻어 으깨어 파란 물을 뺀 다음 2에 넣고 끓인다.
4. 보리등겨가루에 물을 넣고 반죽하여 수제비 반죽을 만든다.
5. 3에 수제비 반죽을 떼어 넣어 끓인다.

참고사항

수제비는 『신영양요리법』(1935)에 처음 기록되었고, 『조선요리법』(1938), 『조선요리제법』(1942)에도 기록되어 있다.

정보제공자
홍순주, 충청북도 청주시 흥덕구 평동리

쑥수제비

재 료

쌀가루 200g(1¼컵) • 반죽물 100mL(½컵) • 어린 쑥 30g • 감자 50g(⅓개) • 애호박 50g • 부추 20g • 소금 적량

멸치장국국물 멸치 20g(10마리) • 다시마 20g(1장) • 물 1.6L(8컵)

만드는 법

1. 어린 쑥은 끓는 물에 데쳐 곱게 다진다.
2. 쌀가루에 다진 쑥을 넣고 뜨거운 물로 익반죽한 후 면포로 20분 정도 덮어 놓는다.
3. 찬물에 멸치와 다시마를 넣어 우려 낸 다음 불에 올려 물이 끓기 전에 멸치와 다시마를 건져 내고 멸치장국국물을 만든다.
4. 감자는 껍질을 벗기고 깍둑썬다(사방 2cm).
5. 애호박은 깨끗이 씻어 반달썰기 한다(0.4~0.5cm).
6. 부추는 5cm 길이로 썰어 놓는다.
7. 멸치장국국물이 끓으면 수제비 반죽을 손으로 떼어 넣는다.
8. 7에 감자, 애호박, 부추순으로 채소를 넣어 끓이다가 소금으로 간을 한다.

참고사항

쑥 대신 시금치, 솔잎, 당근즙을 이용해도 좋으며, 부추와 감자를 넣어 구수하고 향내와 색깔이 입맛을 돋운다.

출 처

영동군농업기술센터 영동군생활개선회 향토음식연구회, 감고을 영동의 우리 맛 발자취, 2003

정보제공자

정춘자, 충청북도 청원군 옥산면 오산리

国수 · 수제비

호박수제비(호박잎수제비)

재 료

호박잎 50g • 애호박 80g • 밀가루 220g(2컵) • 반죽물 150mL(¾컵) • 대파 20g(½뿌리) • 물 1.6L(8컵) • 된장 2큰술 • 고추장 1큰술 • 소금 약간

만드는 법

1. 호박잎은 깨끗이 씻어서 으깨어 파란 물을 빼내고, 애호박은 0.5cm 두께로 반달썰기 한다.
2. 냄비에 된장, 고추장을 물에 풀어 넣어 끓인 다음 1의 호박잎과 애호박을 넣고 끓인다.
3. 밀가루 반죽을 질게 하여 수제비를 얇게 떠서 넣는다.
4. 어슷썬 대파를 넣고 소금으로 간을 맞춘다.

참고사항

- 밀이 귀한 곳에서는 그 지역에서 가장 흔한 재료, 즉 감자, 강냉이, 메밀, 도토리 등으로 수제비를 만들었다.
- 옛날 농촌에서 농사철에 새참으로 많이 만들어 먹던 음식이다.

정보제공자
임경희, 충청북도 청주시 흥덕구 복대1동

만두

고추지만두

재료

고추지 100g • 밀가루 500g(4½컵) • 반죽물 200mL(1컵) • 배추김치 500g • 돼지고기 200g • 두부 250g(½모) • 소금 약간 • 식용유 적량

돼지고기 양념 간장 2큰술 • 다진 파 2큰술 • 다진 마늘 1큰술 • 참기름 1큰술 • 깨소금 1큰술

만드는 법

1. 밀가루는 소금, 물을 넣어 반죽하여 30분 정도 두었다가 얇게 밀어 지름 8cm의 만두피를 만든다.
2. 배추김치는 다져 물기를 꼭 짠다.
3. 돼지고기는 살로 곱게 다져서 양념을 넣어 무친 후 볶은 다음 접시에 펴서 식힌다.
4. 두부는 면포에 싸서 도마와 같은 무거운 것으로 눌러서 물기를 빼고 칼등으로 곱게 으깬다.
5. 고추지는 깨끗이 다듬어 곱게 다진다(사방 0.2cm).
6. 큰 그릇에 2, 3, 4, 5의 재료를 담아 고루 섞어 소를 만들고, 둥근 만두피에 소를 올려 놓고 반달 모양으로 만두를 빚는다.
7. 김이 오른 찜통에서 15분 정도 찐다.

정보제공자
이계화, 충청북도 음성군 음성읍 초천1리

만두

꿩만두

재료

꿩살 200g • 밀가루 220g(2컵) • 반죽물 100mL(½컵) • 무채 100g • 숙주 100g • 양파 100g(⅔개) • 달걀 50g(1개) • 다진 파 2큰술 • 다진 마늘 2큰술 • 소금 적량 • 후춧가루 약간

초간장 간장 1큰술 • 식초 ½큰술 • 물 ½큰술

만드는 법

1. 밀가루에 소금과 물을 넣고 반죽하여 잘 치댄 후 밀대로 얇게 밀어 만두피를 만든다.
2. 꿩의 가슴살, 다릿살 등을 곱게 다진다.
3. 무채, 숙주, 양파를 삶아 다져서 물기를 꼭 짠 다음 2의 다진 고기와 섞어 다진 파, 다진 마늘, 소금, 후춧가루로 간하여 만두소를 만든다.
4. 만두피에 3의 소를 넣고 가장자리에 달걀물을 발라 가며 예쁘게 오므려 만두를 빚는다.
5. 김이 오르는 찜통에 젖은 면포를 깔고 20분간 쪄 낸다. 초간장을 곁들인다.

참고사항

한의학적 특징을 기록한 『명의별록』에는 꿩고기는 기력에 도움을 주고 설사를 멎게 하며 간을 보하고 눈을 맑게 한다고 했다. 또한 당뇨의 식이요법으로서 양질의 단백질 섭취를 권하고 있는데 고단백, 저지방 특성을 가진 꿩고기가 가장 적당하다고 기록하고 있다. 『식의심경』에는 출산 후 허리 아픈 데 꿩고기로 물만두를 만들어 먹으면 효력이 있다고 기록되어 있다.

출처
충청북도 농촌진흥원, 충북의 향토음식, 1993

정보제공자
박명순, 충청북도 충주시 상모면 안보리

냉이만두

재료

냉이 500g • 밀가루 500g(4½컵) • 반죽물 200mL(1컵) • 돼지고기 200g • 두부 250g(½모) • 숙주 200g • 소금 약간 • 식용유 · 물 적량

양념 간장 2큰술 • 다진 파 1큰술 • 다진 마늘 1큰술 • 참기름 1큰술 • 깨소금 1큰술

만드는 법

1. 밀가루에 소금, 물을 넣어 반죽하여 30분 정도 두었다가 얇게 밀어 지름 8cm의 둥근 모양으로 만두피를 만든다.
2. 냉이는 깨끗이 다듬어 씻어 데쳐 낸 후 잘게 썰어 놓는다.
3. 돼지고기는 살로 곱게 다져서 양념을 넣어 무친 다음 볶아 접시에 펴서 식힌다.
4. 두부는 면포에 싸서 도마와 같은 무거운 것으로 눌러서 물기를 빼고 칼등으로 곱게 으깬다.
5. 큰 그릇에 위의 만두소 재료를 모두 합하여 섞고, 둥근 만두피에 소를 올려 놓고 반달 모양으로 만두를 빚는다.
6. 팬에 식용유를 두르고 만두를 약간 지진 다음 물을 조금 붓고 뚜껑을 덮어 3~4분 정도 익혀 낸다.

정보제공자
김숙자, 충청북도 보은군 죽전리

만두

오색만두찜

재료

밀가루 300g($2\frac{3}{4}$컵) • 반죽물 130mL($\frac{2}{3}$컵) • 배추김치 200g • 두부 250g($\frac{1}{2}$모) • 당면 50g • 쇠고기 200g • 참기름 · 소금 · 후춧가루 약간

천연색소 치자(노랑) · 지초(분홍) · 도토리(갈색) · 부추(초록) 적량

쇠고기 양념 간장 2큰술 • 다진 파 1큰술 • 다진 마늘 1큰술 • 참기름 1큰술 • 깨소금 1큰술

만드는 법

1. 밀가루를 5등분하여 각각 천연색소즙을 섞어 눅진하게 반죽하고 밀대로 얇게 밀어 둥근 모양으로 만두피를 만든다.
2. 배추김치는 속을 털어 내어 곱게 다지고, 두부는 면포에 싸서 물기를 꼭 짜 칼로 으깬다. 쇠고기는 양념하고, 당면은 끓는 물에 삶아 건져 송송 썰어 참기름, 소금으로 밑간한다.
3. 위의 재료를 한 데 섞어 소금, 후춧가루, 참기름으로 양념하여 만두소를 만든다.
4. 만두피에 3의 속재료를 넣고 모양 있게 만두를 빚는다.
5. 김이 오르는 찜통에 물에 적신 면포를 깔고 서로 붙지 않게 만두를 넣어 20분간 쪄낸다. 오색만두는 쪄내면 색이 더욱 진해지므로 색소로 적당히 색을 낸다.

정보제공자
박명순, 충청북도 충주시 상모면 안보리

미역생떡국

재료

찹쌀 100g($\frac{2}{3}$컵) • 멥쌀 120g($\frac{2}{3}$컵) • 반죽물 70mL($\frac{1}{3}$컵) • 마른 미역 20g • 들깨 2큰술 • 물 1.2L(6컵) • 다진 마늘 1큰술 • 들기름 2큰술 • 국간장 2큰술 • 소금 약간

만드는 법

1. 마른 미역을 물에 담가 3시간 정도 충분히 불린 다음 깨끗이 씻어서 체에 밭쳐 놓는다.
2. 멥쌀과 찹쌀을 빻아서 가루 내어 새알심을 만들어 놓는다.
3. 들깨는 갈아서 고운체에 내려 물과 섞어 들깨즙을 만들어 놓는다.
4. 들기름에 불린 미역을 넣고 볶은 다음 들깨즙을 넣고 끓인다.
5. 4가 끓어오르면 다진 마늘을 넣고 국간장과 소금으로 간을 한 다음 새알심을 넣고 새알심이 떠오를 때까지 끓인다.

1

2

4

5

참고사항

생떡국은 멥쌀가루를 끓는 물로 반죽하여 썰어서 장국에 끓인 것으로 겨울철 별미로 먹는 충청도 지방의 음식이며 쌀가루가 곱고 반죽을 오래 해야 풀어지지 않는다. 예전부터 우리나라에서는 어느 가정에서나 정월 초하루 설날의 세시음식으로 떡국을 만들어 차례를 지내고 새해 아침 일 년의 첫 식사를 떡국으로 하였다.

정보제공자
이점희, 충청북도 영동군 영동읍 설계리

조리시연자
정락신, 충청북도 청주시 상당구 용암동

다슬기생떡국(올갱이날떡국)

재료

다슬기(올갱이) 100g • 쌀가루 100g(2/3컵) • 반죽물 2큰술 • 부추 200g • 아욱 100g • 물 800mL(4컵) • 다진 마늘 2큰술 • 대파 10g(1/4뿌리) • 된장 1큰술 • 소금 적량

만드는 법

1. 다슬기를 물에 6시간 정도 담가 해감을 뺀 후 이끼를 제거하고 깨끗이 헹궈 낸다.
2. 끓는 물에 다슬기를 삶아 건진 다음 바늘로 다슬기살을 빼낸다.
3. 쌀가루를 익반죽하여 가래떡 모양으로 길게 만든 다음 0.5cm 너비로 썰어 납작하게 빚는다.
4. 부추는 5cm 길이로 썰고, 아욱은 으깨듯이 씻어 둔다.
5. 다슬기 삶은 물에 된장을 체에 걸러 넣어서 끓인다.
6. 5의 국물이 끓으면 부추와 아욱을 먼저 넣고 3의 생떡을 넣어 끓이다가 다진 마늘과 어슷썬 대파를 넣고 소금으로 간을 맞춘다.

❁ 참고사항

음력 9월 9일에 가을 아욱을 넣어 다슬기생떡국을 끓여 먹으면 어지럼증이 없어진다고 해서 만들어 먹었다.

정보제공자

김정숙, 충청북도 보은군 보은읍 노티리

생떡국(날떡국)

재료

쌀가루 450g(3컵) • 찹쌀가루 300g(3컵) • 반죽물 200ml(1컵) • 바지락 200g • 물 1.6L(8컵) • 채 썬 대파 2작은술 • 다진 마늘 1작은술 • 소금 2작은술

만드는 법

1. 쌀가루와 찹쌀가루를 1 : 1로 섞고 소금을 약간 넣어 끓는 물로 익반죽한다.
2. 1의 반죽을 엄지손가락 한 마디 정도의 크기로 동그랗게 빚은 다음 손바닥으로 눌러 약간 납작하게 만든다.
3. 바지락은 연한 소금물에 담가 해감을 뺀 후 냄비에 바지락과 물을 붓고 끓이다가 2의 생떡(날떡)을 넣는다.
4. 떡이 익어서 떠오르면 소금으로 간을 맞추고 다진 마늘, 채 썬 대파를 넣어서 한소끔 더 끓인다.

참고사항

흰떡(가래떡)이 없을 때 쉽게 만들어 먹는 떡국이며, 겨울에는 굴을 넣으면 더욱 맛이 있다.

출처
문화공보부 문화재관리국, 한국민속종합조사보고서(향토음식 편), 1984

기 타

호박청

재 료

늙은 호박 1.5kg(1개) • 밤(깐 것) 200g(1컵) • 대추 300g(4컵) • 은행 20g(10개) • 생강 50g • 인삼 2뿌리 • 꿀 200g • 찹쌀가루 100g(1컵) • 물 3큰술

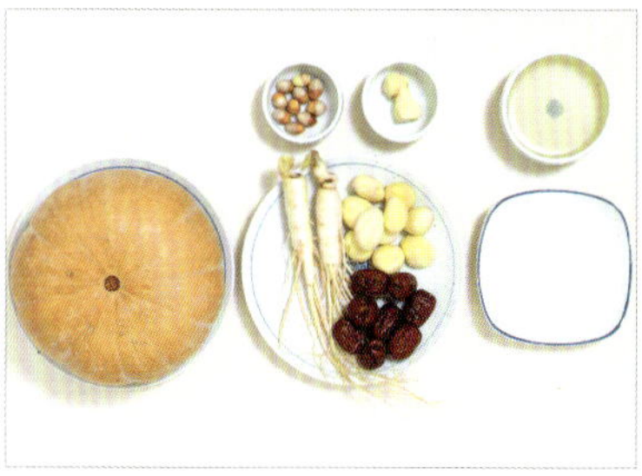

만드는 법

1. 늙은 호박의 윗부분을 손바닥만하게 칼로 도려 내어 뚜껑을 만들고 씨와 속을 긁어 낸다.
2. 은행은 식용유에 살짝 볶아 속껍질을 제거하고, 생강은 껍질을 벗겨 얇게 편 썬다.
3. 찹쌀가루를 익반죽하여 동그랗게 새알심을 빚는다.
4. 호박 속에 위의 밤, 대추, 은행, 생강, 인삼, 새알심을 넣고 꿀을 넣은 다음 호박 뚜껑을 닫고 찜통에 푹 찐다.

1

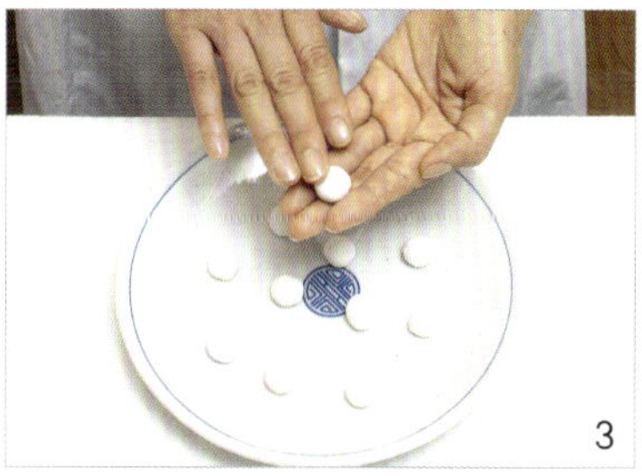
3

4

4

✻ 참고사항

호박은 예부터 산모에게 아주 좋은 식품으로 알려져서 호박즙을 내서 먹거나 죽을 쑤어 먹었다고 한다.

정보제공자
이순희, 충청북도 옥천군 청산면 의지리

조리시연자
정락신, 충청북도 청주시 상당구 용암동

국

쏘가리매운탕

재 료

쏘가리 2마리 • 무 300g(⅓개) • 미나리 50g • 쑥갓 30g • 양파 150g(1개) • 감자 50g(⅓개) • 풋고추 45g(3개) • 붉은 고추 30g(2개) • 대파 70g(2뿌리) • 밀가루 수제비 50g • 물 1.2L(6컵) • 고추장 2큰술 • 소금 적량

다진 양념 고춧가루 3큰술 • 다진 파 1큰술 • 다진 마늘 1큰술 • 다진 생강 ½큰술 • 청주 · 소금 · 물 약간

만드는 법

1. 쏘가리는 내장을 제거하고 비늘을 긁어 낸 다음 어슷하게 칼집을 낸다.
2. 무는 납작하게 썰고(5×4×0.5cm), 미나리와 쑥갓은 5cm 길이로, 풋고추, 붉은 고추, 대파는 어슷썰며(0.3cm), 양파는 굵게 채 썰고(5×0.3×0.3cm), 감자는 0.5cm 두께의 은행잎 모양으로 썬다.
3. 고춧가루를 소금물에 개어 다진 파, 다진 마늘, 다진 생강, 청주를 넣고 다진 양념을 만든다.
4. 물에 고추장을 풀어 넣고 소금으로 간을 맞춰 놓는다.
5. 냄비에 무와 감자를 깔고 쏘가리와 채소를 얹은 다음 4의 국물을 붓고 다진 양념을 넣어 끓인다.
6. 매운탕 국물이 어우러지면 밀가루 수제비를 넣고 마지막에 쑥갓을 넣어 살짝 익힌다.

1

2

5

5

참고사항

『임원경제지』의 [전어지]에는 맛이 돼지고기와 비슷하다고 하여 쏘가리를 수돈(水豚)이라고 하였으며, 담수물고기 중에 최고의 맛을 지녀 예부터 '천자어(天子魚)'라 했다. 쏘가리는 살이 탄력 있고 쫄깃해 횟감으로 좋고, 매운탕 중에서도 가장 으뜸으로 친다. 쏘가리를 주재료로 하고 채소를 넣어 얼큰하게 끓인 음식으로 충북의 대표적인 향토음식으로 정착되었다.

출 처

충청북도, 향토건강음식 충북의 맛 100선, 1996

한국문화재보호재단, 한국음식대관 제2권, 한림출판사, 1999

정보제공자

이금복, 충청북도 괴산군 청천면 사담리

조리시연자

정락신, 충청북도 청주시 상당구 용암동

국

옥계백숙

재 료

옥계(닭) 1kg(1마리) • 찹쌀 335g(2컵) • 밤 100g(6개) • 대추 10g(4개) • 인삼 2뿌리 • 황기 4뿌리 • 율무가루 3큰술 • 칼국수 200g • 물 적량 • 대파 35g(1뿌리) • 마늘 20g(5쪽) • 깨소름 · 후춧가루 · 소금 약간

만드는 법

1. 닭은 내장을 꺼내어 깨끗이 씻은 다음 배 속에 대추, 밤, 찹쌀, 인삼을 넣는다.
2. 압력솥에 닭이 잠기도록 물을 붓고 1의 닭과 통마늘을 넣어 끓이다가 어느 정도 익으면 황기와 율무가루를 넣고 한소끔 더 끓인다.
3. 닭이 푹 익으면 건져 내고, 국물에 송송 썬 대파(0.5cm)를 넣은 다음 칼국수를 넣어 끓인 후 깨소금, 소금, 후춧가루를 넣어 양념한다.

1

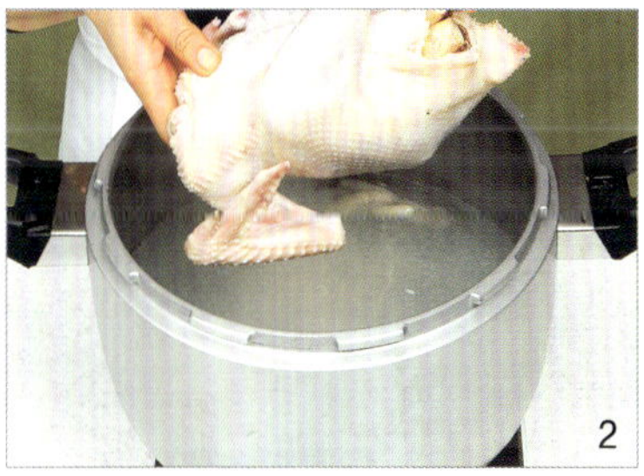

2

2

3

참고사항

옥계는 옥천 지방에서 사육되는 토종닭으로 다리가 검은빛을 띠어 일반 토종닭과는 구별된다. 끓일 때 한약재를 가미하여 닭 비린내가 없고, 고기를 먹고 난 후 닭 삶은 물에 국수나 찹쌀을 넣어 끓여 먹었다.

출 처
충청북도, 향토건강음식 충북의 맛 100선, 1996

조리시연자
정락신, 충청북도 청주시 상당구 용암동

국

인삼메기탕

재 료

메기 1kg(4마리) • 대추 70g(1컵) • 황기 140g • 인삼 2뿌리 • 밤 160g(10개) • 마른 고추 10개 • 대파 70g(2뿌리) • 된장 2큰술 • 물 · 소금 적량 • 통깨 · 후춧가루 약간

만드는 법

1. 메기는 내장을 제거하고 깨끗이 손질하여 두 토막 낸다.
2. 밤은 깨끗이 씻어 껍질을 벗겨 2등분하고, 대파는 어슷하게 썬다(0.3cm).
3. 물에 된장을 풀어 체에 곱게 걸러 국물을 준비해 둔다.
4. 냄비에 인삼, 대추, 황기, 마른 고추, 밤을 담고 3의 국물을 부은 다음 손질한 메기를 넣어 끓인다.
5. 메기가 어느 정도 익으면 어슷하게 썬 파와 통깨를 넣고 소금, 후춧가루로 간을 한다.

1

3

4

5

참고사항

『산림경제』에서는 메기를 '점어(鮎魚)' 라 하여 '몸 전체가 누렇고 살이 쪘으며 미끄러운데, 맛이 퍽 좋다' 고 하였다. 『규합총서』에는 메기에 대하여 '물을 끓여 튀하면 검고 미끄러운 것이 없어진다. 좋은 고추장에 꿀을 좀 섞어 끓이면 좋다' 고 하였다. 민물고기매운탕의 역사는 『규합총서』에서 볼 수 있다.

정보제공자
이승분, 충청북도 옥천군 군북면 국원리

조리시연자
정락신, 충청북도 청주시 상당구 용암동

국

콩국

재 료

콩물 5컵 • 두부 250g(½모) • 콩나물 200g • 당근 140g(1개) • 감자 300g(2개) • 대파 10g(¼뿌리) • 마늘 10g(2쪽) • 고춧가루 ½큰술 • 소금 약간

만드는 법

1. 콩나물은 물을 붓고 살짝 삶는다.
2. 당근과 감자는 직사각형으로 썰어(3×1×0.3cm) 소금을 넣고 설익은 정도로 삶고, 두부도 같은 모양으로 썰어 둔다.
3. 냄비에 콩물을 붓고 삶은 콩나물, 당근, 감자를 넣어 끓인다.
4. 콩국이 끓어 오르면 두부, 다진 마늘, 다진 파를 넣고 거품을 제거하면서 끓인 다음 고춧가루와 소금으로 간을 맞춘다.

1

2

3

4

출 처

문화공보부 문화재관리국, 한국민속종합조사보고서(향토음식 편), 1984

조리시연자

정락신, 충청북도 청주시 상당구 용암동

무청시래기찌개

주식류
부식류
떡류
과정류
음청류
주류

재 료

무청시래기 120g • 풋고추 30g(2개) • 쇠고기 200g • 대파 15g($\frac{1}{2}$뿌리) • 쌀뜨물 500mL($2\frac{1}{2}$컵) • 된장 2큰술

쇠고기 양념 다진 마늘 1작은술 • 고춧가루 2작은술 • 참기름 1작은술

만드는 법

1. 무청시래기는 데친 다음 물기를 제거하고 잘게 썬다.
2. 풋고추는 어슷하게 썬다(0.3cm).
3. 쇠고기는 다져서 무청시래기, 풋고추와 함께 냄비에 담아 양념을 넣고 주물러서 양념한다.
4. 쌀뜨물에 된장을 풀어 체에 밭쳐서 3에 붓고 끓인다.
5. 찌개에 맛이 들면 어슷썬 대파를 넣고 한소끔 더 끓인다.

1

3

4

4

출 처
한국문화재보호재단, 한국음식대관 제2권, 한림출판사, 1999

조리시연자
정락신, 충청북도 청주시 상당구 용암동

찌개 · 전골

새뱅이찌개(민물새우찌개)

재 료

새뱅이(민물새우) 1컵 • 무 150g • 애호박 50g • 미나리 30g • 쑥갓 30g • 냉이 20g • 밀가루 110g(1컵) • 반죽물 80mL(⅓컵) • 물 600mL(3컵) • 된장 1큰술 • 국간장 1작은술 • 고춧가루 1큰술 • 다진 파 2큰술 • 다진 마늘 1큰술 • 소금 적량 • 후춧가루 약간

만드는 법

1. 민물새우는 깨끗이 씻어 건져 놓는다.
2. 무는 나박썰기 하고(2.5×2.5×0.2cm), 호박은 0.5cm 두께로 반달 모양으로 썰고, 미나리와 쑥갓은 5cm 길이로 썰어 준비한다.
3. 밀가루에 물을 넣고 반죽하여 수제비 반죽을 만든다.
4. 냄비에 물을 붓고 된장을 잘 풀어 넣고, 무를 넣어 살짝 끓인 다음 애호박, 냉이, 미나리, 쑥갓을 넣고 끓인다.
5. 국물이 끓어오르면 수제비 반죽을 떼어 넣고 고춧가루, 다진 파, 다진 마늘을 넣어 끓인다.
6. 한소끔 끓으면 민물새우를 넣어 살짝 끓이면서 국간장, 소금, 후춧가루를 넣어 간을 맞춘다.

2

4

5

6

❀ 참고사항

새뱅이는 흔히 '듬벙새우'라고 불리며, 전혀 오염되지 않은 깨끗한 산골 냇가나 청천의 저수지에 사는 민물새우로 보은의 회남, 괴산의 달천, 대청댐 지역에서 잡힌다.

출 처
농촌진흥청, 향토음식, www2.rda.go.kr/food/, 2006

정보제공자
윤순옥, 충청북도 청주시 흥덕구 비하동

조리시연자
정락신, 충청북도 청주시 상당구 용암동

찌개 · 전골

청국장찌개

재 료

청국장 100g • 쇠고기 50g • 두부 250g(½모) • 배추김치 200g • 풋고추 45g(3개) • 쌀뜨물 600mL (3컵) • 대파 100g(¼뿌리) • 마늘 10g(2쪽) • 고춧가루 2작은술 • 소금 적량

만드는 법

1. 두부는 깍둑썰고(사방 2cm), 배추김치는 3~4cm 너비로 썰고, 풋고추는 어슷썬다(0.3cm). 쇠고기는 잘게 썰어 소금, 다진 파, 다진 마늘을 넣고 양념한다.
2. 뚝배기에 쌀뜨물을 붓고 쇠고기와 김치를 함께 넣어 끓인다.
3. 한소끔 끓으면 청국장을 풀어 넣고 풋고추와 두부를 넣어 끓이다가 고춧가루와 소금으로 간을 맞춘다.

참고사항

- 청국장찌개의 국물을 진하게 하려면 모든 재료를 함께 넣어 끓이며, 표고버섯을 넣기도 한다.
- 무를 얄팍하게 썰어 넣어 약간 되직하게 끓이기도 한다.

1

2

3

3

출 처

문화공보부 문화재관리국, 한국민속종합조사보고서(향토음식 편), 1984

한국관광공사, 한국의 전통음식, www.tourkorea.or.kr/, 2006

조리시연자

정락신, 충청북도 청주시 상당구 용암동

콩나물찌개

재 료

콩나물 300g • 물 600mL(3컵) • 참기름 2큰술 • 깨소금 2작은술 • 실고추 1작은술

양념 고추장 1큰술 • 국간장 1큰술 • 다진 파 2작은술 • 다진 마늘 2작은술 • 후춧가루 약간

만드는 법

1. 콩나물은 뿌리를 떼고 깨끗이 씻어 놓는다.
2. 손질한 콩나물을 냄비에 담고 참기름, 깨소금을 넣어 볶는다.
3. 분량의 재료로 양념을 섞어 2에 넣은 후 물을 붓고 약한 불에서 국물이 잦아질 때까지 끓인 다음 위에 실고추를 얹는다.

1

2

3

3

출 처
문화공보부 문화재관리국, 한국민속종합조사보고서(향토음식 편), 1984

조리시연자
정락신, 충청북도 청주시 상당구 용암동

호박지찌개

재 료

늙은 호박 750g(소 ¼개) • 배추 500g(소 1포기) • 무 500g(½개) • 소금 1컵 • 쪽파 50g • 마늘 20g(5쪽) • 생강 10g(2쪽) • 고춧가루 ½컵 • 쌀뜨물 600mL(3컵) • 멸치젓 적량 • 된장 약간

만드는 법

1. 늙은 호박은 씨를 깨끗이 긁어 내고 껍질을 벗겨 납작하게 썰어(5×2×0.7cm) 소금에 절인다.
2. 무와 배추도 호박과 같은 크기로 썰어 소금에 절인다.
3. 실파는 다듬어 씻어 4cm 길이로 썬다.
4. 절인 호박, 배추, 무를 씻어서 건진 다음 고춧가루를 넣어 버무려 붉게 물들인 후 다진 마늘과 다진 생강, 실파와 멸치젓을 넣고 고루 버무린다. 잘 버무려졌으면 항아리에 넣고 돌로 눌러 익힌다.
5. 4의 호박지가 익으면 뚝배기에 담고 쌀뜨물을 부어 약한 불에서 끓인다. 된장을 풀어 넣어 간을 맞춘다.

1

4

4

5

✻ 참고사항

호박지는 그대로 먹지 않고 대부분 끓여 먹는다.

출 처
문화공보부 문화재관리국, 한국민속종합조사보고서(향토음식 편), 1984

조리시연자
정락신, 충청북도 청주시 상당구 용암동

무우거지장

재 료

무청 250g • 된장 3큰술 • 물 600mL(3컵) • 고춧가루 1작은술 • 다진 파 1큰술 • 다진 마늘 ½큰술 • 소금 1작은술 • 들기름 1큰술

만드는 법

1. 무청은 깨끗이 손질하여 끓는 물에 삶는다.
2. 삶은 무청을 잘게 썰어 들기름으로 볶는다.
3. 된장을 물에 풀어 2에 넣고 팔팔 끓인 후 고춧가루, 다진 파, 다진 마늘, 소금을 넣고 한소끔 더 끓인다.

출 처

영동군농업기술센터 영동군생활개선회 향토음식연구회, 감고을 영동의 우리 맛 발자취, 2003

팥잎장

재 료

팥잎 20장 • 물 600mL(3컵) • 된장 2큰술 • 다진 파 2작은술 • 다진 마늘 1작은술 • 소금 약간

만드는 법

1. 팥잎을 따서 찜통에 찐 다음 햇볕에 말린다.
2. 말린 팥잎을 물에 불려 잘게 썬다.
3. 물에 된장을 풀어 팥잎을 넣고 끓이다가 마지막에 다진 파와 다진 마늘을 넣고 소금으로 간을 맞춘다.

출 처
영동군농업기술센터 영동군생활개선회 향토음식연구회, 감고을 영동의 우리 맛 발자취, 2003

닭전골(닭사리)

재 료

토종닭 640g(½마리) • 칡국수 200g • 붉은 고추 30g(2개) • 콩나물 50g • 양배추 50g(1⅓장) • 미나리 30g • 당근 100g(⅔개) • 느타리버섯 40g(2개) • 대파 35g(1뿌리) • 물 1.2L(6컵) • 소금 적량 • 후춧가루 약간

다진 양념 고춧가루 2큰술 • 다진 마늘 2작은술 • 다진 생강 1작은술 • 물 약간

닭고기 양념 간장 2큰술 • 설탕 1큰술 • 다진 파 2작은술 • 다진 마늘 1작은술 • 참기름 1작은술 • 깨소금 ½작은술

만드는 법

1. 토종닭은 깨끗이 씻은 후 살코기를 발라 내어 찢은 후 양념에 재워 둔다.
2. 닭뼈를 푹 고아 육수를 만들고, 칡국수는 끓는 물에 삶아 건져 놓는다.
3. 양배추와 당근은 직사각형으로 썰고(5×1×0.3cm), 미나리는 5cm 길이로 썰며, 붉은 고추와 대파는 어슷하게 썬다(0.3cm).
4. 고춧가루는 물에 불려 다진 마늘, 다진 생강을 넣고 고루 섞어 다진 양념을 만든다.
5. 전골냄비에 채소를 돌려 담고, 삶은 국수와 양념한 닭고기를 얹은 다음 육수를 자작하게 부어 끓이면서 다진 양념, 소금, 후춧가루로 간을 맞춘다.

참고사항

기호에 따라 겨자를 첨가하면 독특한 맛을 느낄 수 있다.

출 처

충청북도, 향토건강음식 충북의 맛 100선, 1996

정보제공자

장인재, 충청북도 충주시 산척면 영덕리

소백산버섯전골

재료

느타리버섯 100g(5개) • 표고버섯 100g(8개) • 밤버섯 100g • 꾀꼬리버섯(오이꽃버섯) 100g • 송이버섯 100g • 무 200g(¼개) • 쇠고기(등심) 150g • 쇠고기(양지머리) 150g • 물 2L(10컵) • 풋고추 4개 • 양파 70g(½개) • 당근 50g(⅓개) • 실파 50g • 미나리 100g • 대파 35g(1뿌리) • 마늘 30g(1통) • 통후추 10g • 고춧가루 3큰술

쇠고기 양념 간장 1큰술 • 다진 파 1큰술 • 다진 마늘 1작은술 • 참기름 1작은술 • 후춧가루 약간

만드는 법

1. 쇠고기(양지머리)는 찬물에 담가 핏물을 뺀 후 끓는 물에 마늘, 대파, 통후추, 무를 함께 넣고 삶은 뒤 면포에 걸러 맑은 육수를 만든다.
2. 실파는 5cm 길이로 썰고, 양파와 당근은 굵게 채 썬다(5×0.3×0.3cm). 미나리는 끓는 물에 살짝 데친다.
3. 표고버섯은 채 썰고(두께 0.3cm), 꾀꼬리버섯(오이꽃버섯), 송이버섯은 기둥과 밑동을 깨끗이 손질한다.
4. 쇠고기(등심)를 얇게 납작썬 다음 표고버섯, 꾀꼬리버섯(오이꽃버섯), 송이버섯, 실파, 당근을 속에 넣고 돌돌 말아 데친 미나리로 묶는다.
5. 삶은 양지머리는 얇게 썰어서 쇠고기 양념으로 밑간한다.
6. 전골냄비에 편육과 어슷썬 풋고추, 채 썬 양파를 넣고 육수를 부어 끓으면 소금으로 간을 하고, 4의 버섯말이를 넣어 살짝 익혀 먹는다.

참고사항

소백산 일원에서 채취하는 각종 버섯과 쇠고기, 신선한 채소를 이용하여 정성스럽게 조리한 음식으로, 고추의 매콤함과 각종 버섯에서 우러나는 은근한 맛이 일품이며, 보기에도 고급스러워 손님상에 어울린다.

정보제공자
심계순, 충청북도 단양군 단양읍 천동리

김치

고추소박이

재료

풋고추 400g(30개) • 쪽파 100g • 무 100g • 부추 60g • 양파 240g(1½개) • 대추 10g(4개) • 밤(깐 것) 50g(5개) • 배 370g(1개) • 소금 · 물 적량

양념 마늘 40g(10쪽) • 액젓 ½컵 • 고춧가루 ½컵 • 설탕 4큰술

만드는 법

1. 풋고추는 부드럽고 통통한 것을 골라 꼭지를 짧게 자르고 배를 갈라 씨를 뺀 후 소금물에 살짝 절인다.
2. 무, 배, 양파는 곱게 채 썰고(5×0.2×0.2cm), 대추, 밤은 같은 굵기로 채 썬다.
3. 부추, 쪽파는 3cm 길이로 썰어 놓는다.
4. 분량의 재료로 양념을 만들어 2, 3의 재료를 넣고 버무려 김치소를 만든다.
5. 고추 속을 김치소로 꽉 채운 후 항아리에 차곡차곡 담는다.

1

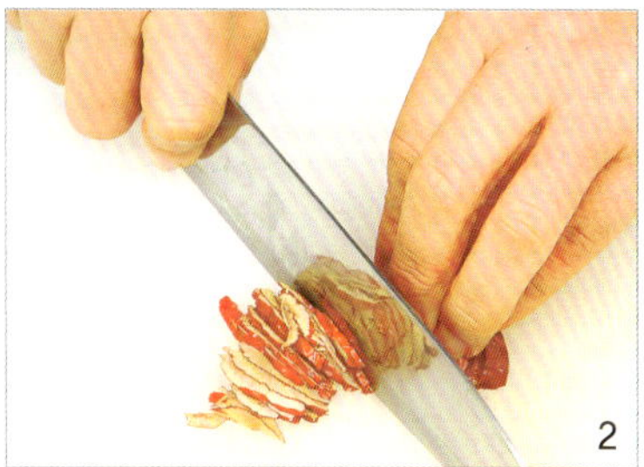

2

4

5

❁ 참고사항

고추는 우리나라에 1614년(광해군 6년) 일본으로부터 도입되었다. 이는 1613년 이수광의 『지봉유설』, 1723년 이익의 『성호사설』, 1765년 이시진의 『본초강목』에서 그 유래를 찾아볼 수 있다. 이렇게 전파된 고추는 한반도 전역으로 퍼져 나갔고 다른 고추 품종에 비해서 색소가 2배 정도 많으며 단맛이 강한 우리의 품종으로 개량되어 지금은 그 종류만 약 100여 종에 이른다.

정보제공자
김홍련, 충청북도 음성군 생극면 신양리

조리시연자
정락신, 충청북도 청주시 상당구 용암동

더덕물김치

재료

더덕 200g(대 5뿌리) • 배춧잎 100g • 배 180g(½개) • 밤(깐 것) 50g(5개) • 마늘 4g(1쪽) • 생강 4g(1쪽) • 물 1.2L(6컵) • 고춧가루 3큰술 • 소금 적량

만드는 법

1. 더덕은 껍질을 벗기고 길이대로 반으로 갈라 방망이로 두들겨 편 다음 4cm 길이로 썬다.
2. 배춧잎과 배는 나박썰기 한다(2.5×2.5×0.2cm).
3. 깐 밤은 0.2cm 두께로 편으로 썰고, 마늘과 생강은 채 썬다.
4. 끓여서 식힌 물에 고춧가루를 고운체에 밭쳐 걸러 넣고 소금으로 간을 맞춘다.
5. 4에 준비된 재료를 담아 하룻밤 숙성시킨 뒤에 시원한 곳에 보관한다.

참고사항

산 속에 자생하는 더덕은 향과 씹히는 질감이 좋아 예부터 더덕찜이나 구이, 무침, 술 등에 많이 이용되었다. 시원한 물김치에 넣으면 더덕의 향긋함과 씹히는 질감이 좋아 별미를 느낄 수 있다.

1, 2

4

5

5

정보제공자
허정숙, 충청북도 진천군 진천읍 교성리

조리시연자
정락신, 충청북도 청주시 상당구 용암동

무잎김치(진잎김치)

재료

무청 200g • 쪽파 70g • 양파 80g(½개) • 붉은 고추 30g(2개) • 풋고추 15g(1개) • 다진 마늘 3큰술 • 다진 생강 1큰술 • 소금 · 물 적량

만드는 법

1. 무청은 깨끗이 씻어서 썰지 않고 그대로 항아리에 넣으면서 켜켜이 소금을 뿌린다.
2. 2시간 정도 지나 어느 정도 절여지면 연한 소금물에 다진 마늘, 다진 생강을 넣어 항아리에 붓고 크게 썬 양파와 고추를 넣고 위를 돌로 눌러 숙성시킨다.

참고사항

김장을 담그고 나면 무청이 남는 경우가 많은데, 이 무청은 말려서 여러 가지 음식에 넣어 먹거나 김치를 담그기도 한다. 무는 뿌리보다는 잎에 더 영양소가 많으므로 이 무잎김치는 겨울철 부족한 비타민을 보충하고 씹히는 질감이 좋은 음식이다.

조리시연자
박연희, 충청북도 청주시 흥덕구 신전동

김치

가지김치

재료

가지 · 간장 적량

양념 소금 · 다진 파 · 다진 마늘 · 실고추 적량

만드는 법

1. 가지를 통째로 끓는 물에 넣어 살짝 데쳐 하루 정도 햇볕에 말린 후 오이소박이처럼 칼집을 낸다.
2. 다진 파, 다진 마늘, 실고추, 소금을 섞어 양념을 만들고 가지 속에 채워 넣는다.
3. 항아리에 담고 간장을 부어 익힌다.

참고사항

- 가을 가지는 단맛이 나서 더욱 좋다.
- 늦가을에 담가 겨울까지 두고 먹는 것으로 간장국물을 따라 내어 끓여 식혀서 붓기를 세 번 정도 하면 변질되지 않고 먹을 수 있다.

출처

한국관광공사, 한국의 전통음식, www.tourkorea.or.kr/, 2006

문화공보부 문화재관리국, 한국민속종합조사보고서(향토음식 편), 1984

고문헌

산가요록(가지저), 증보산림경제(침동월가저법 : 沈冬月茄菹法), 규합총서(동가김치), 시의전서(가지김치)

달래김치

재료

달래 1kg • 소금 ¼컵 • 고춧가루 ½컵 • 새우젓 ½컵 • 붉은 고추 75g(5개) • 대파 70g(2뿌리) • 다진 마늘 5큰술 • 다진 생강 4큰술 • 설탕 1큰술 • 통깨 3큰술

만드는 법

1. 달래에 소금을 뿌려 절인 다음 깨끗이 헹구고 물기를 뺀다.
2. 대파는 굵게 채 썰고(5×0.3×0.3cm), 붉은 고추는 어슷하게 썬다(0.3cm).
3. 고춧가루, 새우젓, 대파, 다진 마늘, 다진 생강, 설탕을 함께 섞은 다음 달래와 붉은 고추, 통깨를 넣어 고루 버무린다.

참고사항

- 달래김치는 달래를 다듬어 굵게 채 썬 무와 젓갈을 넣고 생채처럼 버무려서 익힌 것이다. 또한 달래에 채 썬 파, 마늘, 생강과 실고추를 넣고 버무려서 소금물을 붓고 나박김치처럼 국물김치를 만들면 향도 좋고 싱싱하다고 한다.
- 달래는 마늘과 비슷한 냄새가 나므로 '들판에서 나는 마늘' 이란 뜻의 '야산' 이라고도 한다.

정보제공자
성연자, 충청북도 청주시 흥덕구 강서동

김치

박김치

재 료

어린 박 1kg(1개) • 배 370g(1개) • 대파 50g($1\frac{1}{2}$뿌리) • 마늘 30g(1통) • 생강 20g(5쪽) • 소금 2큰술 • 설탕 1큰술 • 잣 · 실고추 약간 • 물 적량

만드는 법

1. 어린 박은 씻어 껍질을 벗기고 반으로 갈라 씨를 긁어 내고 두께 0.5cm로 썰어 소금에 절인다.
2. 배는 껍질을 벗겨 4등분하여 박과 같이 썬다.
3. 파의 흰 부분, 마늘, 생강은 0.2cm 굵기로 곱게 채 썬다.
4. 절여진 박은 물로 헹궈 배, 파채, 마늘채, 생강채, 설탕, 실고추를 넣고 버무려 항아리에 담고 연한 소금물을 붓는다. 상에 낼 때 잣을 동동 띄운다.

출 처

문화공보부 문화재관리국, 한국민속종합조사보고서(향토음식 편), 1984

고문헌

시의전서(박김치), 조선요리제법(박김치), 조선무쌍신식요리제법(박김치)

김치

순무밴댕이김치

재료

순무 2kg • 밴댕이젓 2컵 • 물 적량

양념 고춧가루 1컵 • 다진 파 3큰술 • 다진 마늘 2큰술 • 다진 생강 1큰술

만드는 법

1. 순무는 깨끗이 씻어 얇게 원형으로 썬다.
2. 그릇에 순무, 밴댕이젓, 양념을 넣어 버무린 다음 항아리에 담는다.
3. 순무를 버무린 그릇에 물을 부어 김칫국을 만들어 항아리에 자작하게 부어서 익힌다.

출처
농촌진흥청 농촌영양개선연수원(현 농촌자원개발연구소), 한국의 향토음식, 1994

김치

시금치김치

재료

쇤(억센) 시금치 500g

양념 다진 파 · 다진 마늘 · 다진 생강 · 고춧가루 · 멸치젓국 적량

만드는 법

1. 억센 시금치를 손질하여 깨끗이 씻어 물기를 뺀다.
2. 시금치에 양념을 넣고 풋내가 나지 않도록 살살 버무린다.

참고사항
김칫거리가 귀하고 시금치가 끝물인 초봄에 억센 시금치를 이용하여 김치를 담근 것으로, 아주 익은 것보다 덜 익었을 때 맛있다.

출처
문화공보부 문화재관리국, 한국민속종합조사보고서(향토음식 편), 1984

김치

열무물김치

재료

열무 700g • 실파 50g • 풋고추 75g(5개) • 붉은 고추 30g(2개) • 마늘 20g(5쪽) • 생강 10g(2쪽) • 소금 4큰술 • 밀가루 1큰술 • 물 1L(5컵)

소금물 소금 2큰술 • 물 400mL(2컵)

만드는 법

1. 어린 열무는 다듬어 씻어서 5cm 길이로 썰어 연한 소금물에 절인 다음 숨이 죽으면 찬물에 재빨리 헹궈 건져서 물기를 뺀다.
2. 풋고추, 붉은 고추는 반으로 갈라 씨를 빼고 어슷썬다(0.3cm). 마늘, 생강은 채 썰고, 실파는 5cm 길이로 썬다.
3. 밀가루에 물 1컵을 부어 저으면서 끓여 묽게 풀을 쑨 다음 식힌다.
4. 큰 그릇에 열무를 담고 실파, 풋고추, 붉은 고추, 마늘, 생강을 넣어 소금으로 간을 싱겁게 맞추어 버무려서 항아리에 담는다.
5. 밀가루풀이 식으면 물 4컵을 부어 묽게 만들어 소금으로 간을 맞춰서 항아리에 붓는다.

참고사항

김칫국물이 많아야 시원한 맛이 나고 오이나 연배추를 함께 섞어 담가도 좋으며 빨리 익히려면 설탕을 조금 넣는다. 밀가루 대신 밥을 곱게 으깨어 물에 풀어 넣어도 된다. 또 억센 열무는 김칫국을 적게 하고 통고추를 갈아서 많이 넣는다.

출처

문화공보부 문화재관리국, 한국민속종합조사보고서(향토음식 편), 1984

김치

오이소배추김치

재료

오이 720g(5개) • 배추 1.3kg(1포기) • 소금물 적량

김치속 무 850g(1개) • 쪽파 300g • 대파 100g(3뿌리) • 젓갈(멸치젓, 새우젓 등) 적량 • 고춧가루 150g(2컵) • 다진 마늘 ½컵 • 다진 생강 ⅓컵

만드는 법

1. 오이는 깨끗이 씻어 손질하여 소금물에 담가 오이지를 만든다.
2. 1의 오이지를 물에 2일 정도 담가 두어 오이지의 짠맛을 뺀 다음 물기를 제거하고, 돌로 하루 정도 눌러 햇볕에서 3~5시간 정도 건조시킨다.
3. 무는 곱게 채 썰고(3×0.2×0.2cm), 대파는 어슷썰며(0.3cm), 쪽파는 3cm 길이로 썰어 다진 마늘, 다진 생강, 고춧가루, 젓갈을 함께 버무려 김치속을 만든다.
4. 오이지에 열십자로 칼집을 넣어 사이사이에 김치속을 채운다.
5. 배추도 소금물에 절여 씻은 다음 배춧잎 사이사이에 김치속을 고루 채워 넣는다.
6. 항아리에 배추김치와 오이지를 담고 돌로 눌러 숙성시킨다.

❈ 참고사항

늦가을에 만들어 놓은 오이지를 김장 담글 때 꺼내어 배추김치 양념소를 넣고 담는 방법으로 80년 이상 내려온 전통 음식이다.

정보제공자
유은숙, 충청북도 청주시

김치

쪽파김치

재 료

쪽파 3kg • 양파 150g(1개) • 붉은 고추 75g(5개) • 소금물 적량

양념 찹쌀풀 1컵 • 멸치젓 2컵 • 다진 마늘 $\frac{2}{3}$컵 • 다진 생강 $\frac{1}{3}$컵 • 고춧가루 1컵

만드는 법

1. 쪽파의 뿌리를 잘라 낸 후 다듬어 씻고 3% 소금물에 담갔다가 숨이 죽으면 건진다.
2. 양파는 채 썰고, 붉은 고추는 반으로 갈라 씨를 털어 내고 곱게 채 썬다(5×0.2×0.2cm)
3. 찹쌀풀, 멸치젓, 다진 마늘, 다진 생강, 고춧가루를 섞어 양념을 만든다.
4. 준비한 양념에 숨죽인 쪽파를 넣고 고루 버무린 다음 채 썬 양파와 붉은 고추를 넣고 섞는다.
5. 항아리에 담고 꼭꼭 눌러서 익힌다.

출 처
한국관광공사, 한국의 전통음식, www.tourkorea.or.kr/, 2006

김치

총각김치

재료

총각무 2kg • 실파 300g • 갓 300g • 대파 50g(1½뿌리) • 소금 ½컵

양념 고춧가루 1컵 • 다진 마늘 4큰술 • 다진 파 4큰술 • 다진 생강 2큰술 • 멸치젓국 ½컵 • 새우젓 ½컵 • 설탕 2큰술

찹쌀풀 찹쌀가루 3큰술 • 물 200mL(1컵) • 소금 2큰술

만드는 법

1. 총각무는 잔털을 떼고 무청 달린 부분의 껍질을 벗겨 깨끗이 씻은 다음 소금에 절였다가 물에 살짝 헹궈 물기를 뺀다.
2. 실파, 갓은 다듬어서 무를 절이는 도중에 함께 넣고 절여서 물에 살짝 헹궈 물기를 뺀다. 대파의 흰 부분은 어슷하게 썬다(0.3cm).
3. 냄비에 물을 붓고 찹쌀가루를 잘 풀어서 끓여 찹쌀풀을 쑤어 소금으로 간하여 식힌다.
4. 멸치젓국에 고춧가루, 찹쌀풀을 고루 섞은 후에 다진 파, 다진 마늘, 다진 생강, 새우젓, 설탕을 넣어 걸쭉한 양념을 만든다.
5. 섞어 놓은 양념에 절인 총각무, 실파, 갓을 넣고 고루 버무려서 총각무, 실파, 갓을 두 가닥 정도씩 말아 둥글게 묶어 항아리에 차곡차곡 눌러서 담아 익힌다.

출처

한국관광공사, 한국의 전통음식, www.tourkorea.or.kr/, 2006

김치

파짠지

재료

골파 1kg • 무 300g(⅓개) • 배추 500g(⅓포기)

양념 다진 마늘 · 고춧가루 · 젓국 적량

만드는 법

1. 골파는 다듬어 깨끗이 씻어 물기를 뺀다.
2. 무와 배추는 깨끗이 씻어 적당한 크기로 썬다.
3. 손질한 골파, 무, 배추에 양념을 넣어 버무린다.

출처
문화공보부 문화재관리국, 한국민속종합조사보고서(향토음식 편), 1984

나물 – 숙채

늙은호박나물

재 료

늙은 호박 300g • 붉은 고추 45g(3개) • 물 적량 • 참기름 1큰술 • 소금 1큰술

양념 다진 파 2작은술 • 다진 마늘 1작은술 • 깨소금 1작은술

만드는 법

1. 늙은 호박은 껍질을 벗기고 속을 깨끗이 긁어 낸 다음 1.5cm 두께로 썬다.
2. 냄비에 1의 호박을 담아 참기름을 넣고 볶은 후 물을 자작하게 부어 끓인다.
3. 2의 호박에 어슷하게 썬 고추와 양념을 넣고 소금으로 간을 맞춘다.

1

2

2

3

참고사항

늦은 여름부터 다음 해 봄까지 먹으며 약간 달짝지근한 맛과 부드러운 맛이 진미이다.

출 처

문화공보부 문화재관리국, 한국민속종합조사보고서(향토음식 편), 1984

조리시연자

정락신, 충청북도 청주시 상당구 용암동

나물 – 숙채

산나물무침

재 료

두릅 100g(소 5뿌리) • 가죽나물 100g • 고사리 100g • 소금 2작은술

양념 국간장 2큰술 • 다진 파 1큰술 • 다진 마늘 1큰술 • 고춧가루 1큰술 • 설탕 2작은술 • 참기름 2작은술

만드는 법

1. 두릅, 가죽나물, 고사리를 손질하여 끓는 물에 소금을 넣고 데친다.
2. 분량의 재료로 양념장을 만든다.
3. 데친 두릅, 가죽나물, 고사리에 각각 양념을 넣어 무친다.

1

2

3

3

정보제공자
이언년, 충청북도 괴산군 문광면 추섬리

조리시연자
정락신, 충청북도 청주시 상당구 용암동

나물 – 숙채

오가리나물

재 료

호박오가리 100g

양념 간장 2큰술 • 다진 파 3큰술 • 다진 마늘 1큰술 • 깨소금 2큰술 • 참기름 2큰술 • 후춧가루 약간

만드는 법

1. 호박오가리는 물에 불려서 헹구어 물기를 꼭 짠다.
2. 달군 팬에 호박오가리와 양념을 넣고 살짝 볶는다.

참고사항

호박, 가지, 무 등을 백로(白露)가 지나면 썰어 말려 두었다가 햇나물이 나올 때까지 나물로 볶아 먹었다.

출 처
문화공보부 문화재관리국, 한국민속종합조사보고서(향토음식 편), 1984

나물 – 숙채

참죽나물

재 료

참죽순 300g(1½개)

양념 고추장 2큰술 • 간장 2큰술 • 식초 1큰술 • 설탕 1큰술 • 다진 파 1큰술 • 다진 마늘 ½큰술 • 깨소금 1작은술

만드는 법

1. 참죽순은 끓는 물에 살짝 데쳐 찬물에 헹군 다음 물기를 꼭 짜서 먹기 좋은 크기로 썬다.
2. 분량의 재료로 양념을 만들어 1의 참죽순에 넣고 골고루 무친다.

참고사항

참죽은 가죽이라고도 불린다. 참죽나무의 순을 참죽이라 함은 '새순을 먹는다' 하여 붙여진 이름이다. 식량이 부족하던 시절 우리 선조들은 가죽잎을 따서 말려 부침개를 해먹거나, 나물무침, 부각으로 많이 해먹었다고 한다.

출 처
농촌진흥청 농촌영양개선연수원(현 농촌자원개발연구소), 한국의 향토음식, 1994

나물 – 생채

콩나물짠지

재 료

콩나물 · 실고추 · 물 · 후춧가루 적량

양념장 간장 · 다진 파 · 다진 마늘 · 참기름 · 깨소금 적량

만드는 법

1. 콩나물은 꼬리를 떼고 깨끗이 씻은 다음 간장, 다진 파, 다진 마늘, 참기름, 깨소금으로 만든 양념장에 무쳐서 냄비에 담고 물을 약간 부어 푹 삶는다.
2. 물기가 자작해지면 참기름, 후춧가루으로 다시 간을 맞춘 다음 실고추를 위에 얹는다.

출 처
문화공보부 문화재관리국, 한국민속종합조사보고서(향토음식 편), 1984

나물 – 숙채

취나물

재 료

취 200g • 쇠고기 50g • 물 100mL(½컵)

양념 간장 2큰술 • 다진 파 2작은술 • 다진 마늘 1작은술 • 깨소금 1작은술 • 참기름 1작은술

만드는 법

1. 취는 끓는 물에 데치고 물에 담가 쓴맛을 빼고 물기를 꼭 짠다.
2. 고기는 다져서 양념하여 볶다가 익으면 데친 취를 넣고 다시 볶아서 간을 맞추고 물을 조금 넣은 다음 뚜껑을 덮어 뜸을 들인다.

출 처
문화공보부 문화재관리국, 한국민속종합조사보고서(향토음식 편), 1984

고문헌
조선요리제법(취나물), 조선무쌍신식요리제법(취나물)

나물 – 숙채

인삼취나물

재 료

인삼(또는 미삼) 100g • 말린 취 100g • 물 200mL(1컵) • 통깨 1큰술

양념 간장 5큰술 • 다진 파 2큰술 • 다진 마늘 1큰술 • 참기름 1큰술 • 후춧가루 약간

만드는 법

1. 작은 인삼이나 미삼은 씻어 물에 데치고 물은 버리지 않는다.
2. 취는 삶아서 물에 하룻밤 정도 담가 쓴맛을 빼고 물기를 짜 놓는다.
3. 간장, 다진 파, 다진 마늘과 참기름, 후춧가루를 섞어 양념을 만든 다음 데친 인삼과 취를 넣어 무친다.
4. 양념한 인삼과 취를 냄비에 넣고 볶다가 인삼 데친 물 ½컵을 넣고 센 불에서 국물이 없어질 때까지 볶는다(물을 부은 후에 센 불에서 끓여야 취가 뭉그러지지 않는다).
5. 인삼취나물에 통깨를 뿌려 낸다.

출 처

농촌진흥청 농촌영양개선연수원(현 농촌자원개발연구소), 한국의 향토음식, 1994

나물 – 기타

칡묵무침

재 료

칡 2kg • 배추김치 50g • 달걀 50g(1개) • 김 2g(1장) • 멸치 · 식용유 약간 • 물 적량

양념장 간장 3큰술 • 다진 파 2작은술 • 다진 마늘 1작은술 • 통깨 1작은술 • 참기름 1작은술

만드는 법

1. 칡은 껍질을 벗기고 얇게 썰어 물에 불린 다음 방망이로 두드려서 칡 앙금을 우려 낸다. 가라앉은 앙금은 종이를 깔고 햇볕에 말려 칡 전분을 만든다.
2. 냄비에 칡 전분과 물을 1 : 5의 비율로 섞어 나무주걱으로 저어 가며 걸쭉하고 투명해질 때까지 끓인 후 사각 틀에 부어 식힌 다음 채 썬다(칡 전분을 젓지 않을 때 팽윤하여 기포가 많이 올라오면 불을 끄고 틀에 부어 식힌다).
3. 찬물에 멸치를 넣고 끓여 멸치장국국물을 만든 다음 멸치는 체에 걸러 낸다.
4. 김치는 송송 썰어 볶고, 달걀은 황백지단을 부쳐 채 썰고, 김은 구워 부숴 놓는다.
5. 넓은 그릇에 채 썬 묵과 멸치장국국물을 넣고 볶은 김치와 황백지단, 김가루를 얹은 다음 양념장을 곁들인다.

참고사항

칡은 여러해살이 덩굴성 나무로서 그 뿌리인 갈근을 식용한다. 갈분은 칡뿌리에서 얻은 앙금(전분)을 일컫는다. 칡은 따뜻하며 비가 많고 부식질과 석회분이 많은 곳에서는 어디서나 잘 자라기 때문에 쉽게 얻어지는 식물이다. 예로부터 약재나 구황식품으로 널리 이용되어 이를 이용한 요리가 발달하였다.

정보제공자
김숙자, 충청북도 제천시 봉양읍 옥전1리

조림 · 지짐이

참마자조림(참매자조림)

재 료

참마자(참매자) 1kg • 무 40g • 미나리 40g • 양파 40g(¼개) • 당근 30g(¼개) • 풋고추 30g(2개) • 붉은 고추 15g(1개) • 깻잎 20g(12장) • 감초 · 후춧가루 약간 • 고추장 1큰술 • 소금 · 물 적량

다진 양념 고춧가루 2큰술 • 다진 마늘 2작은술 • 다진 생강 1작은술 • 물 약간

만드는 법

1. 참마자는 배를 갈라 내장을 제거하고 깨끗이 손질한다.
2. 무, 당근, 양파는 직사각형으로 썰고(5××20.3cm), 깻잎, 미나리는 6cm 길이로 썬다. 풋고추와 붉은 고추는 어슷하게 썬다(0.3cm).
3. 고춧가루, 다진 마늘, 다진 생강을 물에 개어 다진 양념을 만든다.
4. 냄비에 물을 붓고 무와 감초를 넣은 후 고추장을 풀어 한소끔 끓여 체에 걸러 놓는다.
5. 냄비에 참마자와 각종 채소를 돌려 담고 재료가 잠길 정도로 4의 국물을 부어 센 불에서 끓인다.
6. 한소끔 끓으면 약한 불로 낮춰 다진 양념을 풀어 넣고 소금, 후춧가루로 간을 한 후 국물이 자작해질 때까지 조린다.

1

2

5

6

❁ 참고사항

크기가 작은 참마자는 튀김옷을 입혀 끓는 기름에 바삭하게 튀겨 초간장에 찍어 먹어도 좋다. 참마자조림은 각종 채소와 괴산 청결고추에서 우러난 얼큰한 국물맛이 일품이며, 밥반찬이나 술안주로 애용되었다.

정보제공자
이복희, 충청북도 진천군 덕산면 산수리

조리시연자
정락신, 충청북도 청주시 상당구 용암동

도리뱅뱅이

방법 1

재 료

민물고기(빙어, 피라미 등) 170g • 인삼(수삼) 10g • 당근 10g • 대파 10g(¼뿌리) • 풋고추 15g(1개) • 붉은 고추 15g(1개)

양념장 고추장 3큰술 • 다진 마늘 ½큰술 • 다진 생강 ½큰술 • 설탕 ½큰술 • 물 3큰술

만드는 법

1. 민물고기는 손질한 후 팬에 동그랗게 돌려 담아 살짝 익힌 다음 식용유를 넣어 노릇노릇하게 튀긴다.
2. 당근과 대파는 채 썰고(5×0.2×0.2cm), 인삼과 고추는 어슷썬다(0.3cm).
3. 분량의 재료를 섞어 양념장을 만든다.
4. 생선이 튀겨지면 식용유를 따라 내고 위에 양념장을 바른 다음 2를 고명으로 돌려 담고 살짝 익힌다.

1

3

4

4

참고사항

제천 의림지와 대청댐 주변의 향토음식으로 정착한 도리뱅뱅이는 작은 민물고기를 팬에 동그랗게 돌려 담아 조리한다 하여 붙여진 이름이다. 조령리 사람들의 말에 따르면 음식점을 하는 이북에서 온 어느 할아버지가 처음에 생선조림이라는 이름으로 이 음식을 시작했다고 한다. 그 후 생선튀김, 피라미조림 등 여러 호칭으로 불리다가 어느 날 찾아온 손님이 '그것 주시오. 팬에 동글동글 돌려 놓은 도리뱅뱅이 주시오' 라고 말한 데서 비롯되어 도리뱅뱅이로 불리기 시작했다고 한다.

정보제공자
김정화, 충청북도 옥천군 옥천읍 금구리

조리시연자
정락신, 충청북도 청주시 상당구 용암동

방법 2

재 료

피라미(또는 빙어) 300g • 풋고추 45g(3개) • 마늘 20g(5쪽) • 식용유 적량 • 통깨 약간

양념장 고추장 2큰술 • 고춧가루 1큰술 • 설탕 1큰술 • 물엿 1큰술 • 다진 파 2큰술 • 다진 마늘 1큰술

만드는 법

1. 피라미는 물에 깨끗이 씻어 체에 건져 물기를 빼고, 고명으로 얹을 풋고추와 마늘은 편으로 썰어 놓는다(0.2~0.3cm).
2. 분량의 재료로 양념장을 만든다.
3. 팬을 불에 올려 뜨거워지면 피라미를 한쪽 방향으로 동그랗게 돌려 담는다.
4. 피라미가 잠길 정도로 식용유를 넣고 노릇하게 바싹 튀긴 후 기름을 따라 낸다.
5. 숟가락으로 양념장을 고루 바르고 살짝 조린 다음 편으로 썬 마늘과 풋고추를 얹고 통깨를 뿌린다.

조림 · 지짐이

무왁저지

재 료

무 300g($\frac{1}{3}$개) • 쇠고기 100g • 암치(민어 말린 것) 50g • 북어포 50g • 표고버섯 40g(3개) • 석이버섯 3g(3개) • 다진 생강 2큰술 • 물 적량 • 실고추 1작은술

쇠고기 · 버섯 양념 간장 1큰술 • 설탕 1작은술 • 다진 파 1작은술 • 다진 마늘 $\frac{1}{2}$작은술 • 깨소금 1작은술 • 참기름 1작은술 • 후춧가루 $\frac{1}{4}$작은술

양념장 간장 4큰술 • 다진 파 2큰술 • 다진 마늘 1큰술 • 깨소금 2큰술 • 참기름 1큰술

만드는 법

1. 무는 납작하게 썬다(5×4×1cm).
2. 암치와 북어포는 적당한 크기로 자른다.
3. 쇠고기, 표고버섯, 석이버섯은 0.3cm 두께로 채 썰어 양념한다.
4. 냄비에 무와 암치, 북어포를 넣고 물을 자작하게 부어 끓인다.
5. 4에 쇠고기, 표고버섯, 석이버섯, 다진 생강, 실고추를 넣고 양념장을 넣어 조린다.

출 처
한국관광공사, 한국의 전통음식, www.tourkorea.or.kr/, 2006

말린도토리묵볶음

재 료

말린 도토리묵채 200g • 양파 50g($\frac{1}{3}$개) • 당근 50g($\frac{1}{3}$개) • 대파 20g($\frac{1}{2}$뿌리) • 다진 마늘 1큰술 • 간장 1큰술 • 깨소금 1작은술 • 들기름 1큰술

만드는 법

1

1. 말린 도토리묵채는 물에 불린 다음 끓는 물에 데쳐 물기를 뺀다.
2. 양파는 0.3cm 너비로 채 썰고, 당근은 길이대로 반을 썬 다음 0.3cm 두께로 어슷썰고, 대파도 어슷하게 썬다.
3. 팬에 들기름을 두르고 1의 묵을 볶으면서 양파, 당근, 대파를 넣는다.
4. 3에 간장, 다진 마늘, 깨소금을 넣고 채소가 너무 익지 않게 볶는다.

3

4

참고사항

도토리는 신석기 때부터 먹어 온 식품으로 우리 조상도 일찍부터 먹어 왔으리라 추정된다. 쓴맛을 우려 낸 도토리를 맷돌에 갈아서 그대로 두어 가라앉은 앙금을 말리면 묵가루가 된다.

정보제공자
전옥희, 충청북도 옥천군 옥천읍 매화리

조리시연자
정락신, 충청북도 청주시 상당구 용암동

다슬기산적(올갱이산적)

재 료

다슬기살(올갱이살) 2컵 • 달걀 150g(3개) • 당근 70g(½개) • 더덕 50g(소 2뿌리) • 느타리버섯 50g(3개) • 밀가루 55g(½컵) • 식용유 3큰술

양념 간장 ½큰술 • 소금 ½큰술 • 다진 파 1큰술 • 다진 마늘 1큰술

만드는 법

1. 더덕은 방망이로 두드려서 넓게 편 다음 6cm 길이로 썰어 준비한다.
2. 당근도 더덕과 같은 크기로 썰어 끓는 물에 데친 다음 팬에 식용유를 두르고 살짝 볶는다.
3. 느타리버섯은 끓는 물에 데친 다음 간장과 소금, 다진 파, 다진 마늘을 넣어 양념해 놓는다.
4. 다슬기살에 밀가루를 묻힌다.
5. 준비해 놓은 더덕, 당근, 느타리버섯을 꼬치에 차례차례 꽂아 둔다.
6. 밀가루를 5의 꼬치 앞뒷면에 묻히고 채소 사이사이에 4의 올갱이를 넣는다.
7. 달걀노른자로 옷을 입혀 팬에 식용유를 두르고 앞뒤로 노릇하게 지진다.

정보제공자
양도순, 충청북도 청원군 현도면 하석1리

조리시연자
정락신, 충청북도 청주시 상당구 용암동

전 · 적

도토리전

재 료

도토리가루 150g(1컵) • 밀가루 110g(1컵) • 씻은 배추김치 · 식용유 적량 • 물 600mL(3컵) • 소금 1작은술

만드는 법

1. 도토리가루와 밀가루 섞은 것에 소금, 물을 넣어 질게 반죽한다.
2. 1의 반죽을 체에 내려서 곱게 만든다.
3. 팬에 식용유를 두르고 배추김치 씻은 것을 한 잎 얹고 그 위에 2의 반죽을 얇게 펴 넣는다.
4. 앞뒤로 뒤집어 익으면 꺼낸다.

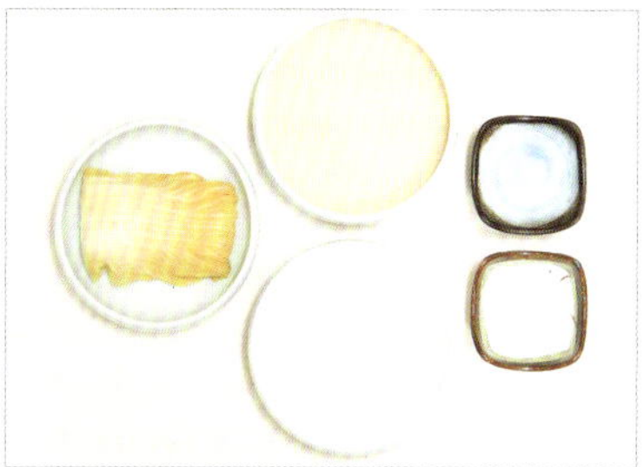

조리시연자
정락신, 충청북도 청주시 상당구 용암동

전 · 적

칡전

재 료

칡 전분 160g(1컵) • 밀가루 55g(½컵) • 풋고추 15g(1개) • 붉은 고추 15g(1개) • 애호박 80g(¼개) • 물 400mL(2컵) • 소금 약간 • 식용유 적량

만드는 법

1. 칡 전분에 밀가루, 물을 넣어 묽게 반죽한 후 체에 내려 곱게 만든다.
2. 애호박은 굵게 채 썰고(5×0.3×0.3cm), 붉은 고추, 풋고추는 어슷하게 썰어(0.3cm) 반죽과 함께 섞는다.
3. 달군 팬에 식용유를 두르고 반죽을 얇게 펴서 앞뒤로 노릇하게 지져 낸다.

1

2

3

참고사항

- 양념장(간장, 다진 파, 다진 마늘, 참기름, 통깨)을 만들어 곁들이기도 한다.
- 칡 전분은 생칡의 껍질을 벗기고 잘게 토막 내어 물에 불린 다음 방망이로 두드려 칡 전분을 우려 낸 후 가라앉은 앙금을 종이 위에 널어 햇볕에 말려 준비한다.

정보제공자
김숙자, 충청북도 제천시 봉양읍 옥전1리

조리시연자
정락신, 충청북도 청주시 상당구 용암동

전 · 적

무적(무왁적)

재 료

무 500g(½개) • 밀가루 110g(1컵) • 물 200mL(1컵) • 소금 ½작은술 • 식용유 적량

만드는 법

1. 무는 0.2cm 두께로 얇고 동그란 모양으로 썬다.
2. 냄비에 물을 붓고 무와 소금을 넣어 삶는다.
3. 밀가루에 물을 넣어 묽게 반죽을 만들어 2의 삶은 무를 적신 다음 식용유를 두른 팬에 살짝 지져 낸다.

정보제공자
박순현, 충청북도 청주시 상당구 오동동

조리시연자
이점희, 충청북도 영동군 영동읍 설계리

가죽장떡(참죽장떡)

재 료

가죽잎 10장 • 밀가루 220g(2컵) • 고추장 2큰술 • 물 400mL(2컵) • 소금 1작은술 • 식용유 적량

만드는 법

1. 가죽잎은 깨끗이 씻어 물기를 뺀다.
2. 밀가루에 고추장과 물을 섞어 반죽한다.
3. 1의 가죽잎에 밀가루 반죽을 묻혀 달군 팬에 식용유를 두르고 지져 낸다.

정보제공자
강정옥, 충청북도 보은군 보은읍 삼산리
나복순, 충청북도 영동군 용산면 한곡리
남연주, 충청북도 영동군 영동읍 설계리

가죽전(가죽잎부침개)

재 료

가죽잎 200g • 밀가루 220g(2컵) • 물 400mL(2컵) • 소금 1작은술 • 식용유 · 초간장 적량

만드는 법

1. 가죽잎은 깨끗이 씻어 놓는다.
2. 밀가루에 물과 소금을 넣어 조금 묽게 반죽한다.
3. 가죽잎에 밀가루 반죽을 묻힌 다음 식용유를 두른 팬에 지진다. 초간장을 곁들인다.

출 처

영동군농업기술센터 영동군생활개선회 향토음식연구회, 감고을 영동의 우리 맛 발자취, 2003

전 · 적

늙은호박전(누렁호박전)

재 료

늙은 호박 300g • 찹쌀가루 200g(2컵) • 달걀 100g(2개) • 생강 10g(2쪽) • 쑥갓 100g • 붉은 고추 100g(6개) • 풋고추 100g(6개) • 소금 약간 • 식용유 적량

만드는 법

1. 늙은 호박은 껍질을 벗기고 씨를 긁어 낸 후 생강 1쪽을 넣고 분쇄기 또는 강판에 갈아 둔다.
2. 쑥갓은 깨끗이 씻어 잎만 떼어 내고, 붉은 고추와 풋고추는 마름모 모양으로 썰어(폭 2cm) 고명을 준비한다.
3. 갈아 놓은 늙은 호박과 찹쌀가루에 달걀을 섞고 물, 소금을 약간 넣어 걸쭉하게 반죽한다.
4. 달군 팬에 식용유를 두르고 반죽을 한 숟가락씩 떠 넣은 다음 준비해 놓은 쑥갓, 붉은 고추, 풋고추로 고명을 얹어 노릇하게 지져 낸다.

참고사항

가을에 풍성한 늙은 호박은 둥글면서도 납작하고 세로로 골이 깊게 팬 것이 저장성이 높으며 단맛이 더 난다. 생강즙을 넣어 비릿한 호박 냄새를 없애고, 달걀을 넣어 끈기와 단백질을 보충한 늙은 호박전은 비타민 A가 풍부하며 색깔이 노랗고 먹음직스러워 손님상이나 어린이 간식으로 좋다.

정보제공자
안영분, 충청북도 괴산군 칠성면 두천리

전 · 적

도토리밀쌈

재 료

도토리 전분 30g(4큰술) • 밀가루 110g(1컵) • 달걀 50g(1개) • 당근 50g(⅓개) • 미나리 50g • 취 50g • 물 300mL(1½컵) • 소금 약간 • 식용유 적량

나물 양념 다진 파 2큰술 • 다진 마늘 1큰술 • 참기름 ½큰술 • 통깨 ½큰술 • 소금 ½작은술

만드는 법

1. 도토리 전분과 밀가루를 섞고 물과 소금을 약간 넣어 반죽한다.
2. 미나리, 취는 끓는 물에 데쳐 적당한 길이로 썰어 소금, 다진 파, 다진 마늘, 참기름, 통깨를 넣어 양념한다.
3. 달걀은 황백지단을 부쳐 채 썰고, 당근은 채 썰어(5×0.2×0.2cm) 식용유에 살짝 볶는다.
4. 1의 반죽을 팬에 식용유를 약간 두르고 얇게 부친다. 이때 반죽이 완전히 익지 않은 상태에서 준비한 2, 3의 재료들을 넣고 돌돌 말아 익힌다.
5. 4를 보기 좋게 썰어 접시에 담아 초간장을 곁들인다.

참고사항

도토리는 흉년이나 천재지변으로 백성들의 기근을 구하는 구황식품으로 산간 주민들의 식량자원이었다. 소백산과 속리산 주변 지역은 쌀이 귀해 예부터 묵, 전, 전병, 송편 등 도토리를 주원료로 이용한 음식을 많이 먹어 왔다.

밀쌈은 얇게 부친 밀전병에 고기, 오이, 버섯, 달걀지단 등을 넣어서 말아 먹는 여름철의 요리이다. 유두절식의 하나이며, 밀쌈이란 용어는 1930년대 조리서부터 나오기 시작하였다.

출 처

충청북도 농촌진흥원, 충북의 향토음식, 1993

정보제공자

권경순, 충청북도 보은군 삼승면 서원리
이옥구, 충청북도 보은군 보은읍 삼산리

메밀전병

재료

메밀 300g • 소금 1작은술 • 식용유 · 물 적량

쇠고기 양념 간장 · 참기름 · 후춧가루 적량

전병소 쇠고기 · 당근 · 달걀 · 우엉 · 부추 적량

만드는 법

1. 메밀을 깨끗이 씻어 분쇄한 후 미지근한 물에 담가 불린다. 이때 위에 뜨는 껍질은 제거한다.
2. 가라앉은 앙금을 햇볕에 말려 메밀가루를 만든다.
3. 당근은 채 썰어(5×0.1×0.1cm) 소금에 살짝 절였다가 식용유에 볶아 식히고, 달걀은 지단을 부쳐 길게 채 썬다. 쇠고기와 우엉은 곱게 채 썰어(5×0.1×0.1cm) 간장, 후춧가루, 참기름으로 양념하여 볶고 부추는 끓는 소금물에 살짝 데친 후 5cm 길이로 썰어 둔다.
4. 메밀가루를 물에 풀어 팬에 식용유를 두르고 한 숟가락씩 떠 넣어 전병을 부친다.
5. 전병 위에 준비한 속재료를 놓고 돌돌 말아 먹는다.

정보제공자
심영자, 충청북도 제천시 중앙동

전 · 적

송이버섯산적

재 료

송이버섯 200g • 쇠고기 200g • 대파 70g(2뿌리) • 밀가루 50g(½컵) • 달걀 150g(3개) • 참기름 · 소금 · 식용유 적량

쇠고기 양념 간장 2큰술 • 설탕 ½큰술 • 다진 파 2작은술 • 다진 마늘 1작은술 • 참기름 1작은술 • 후춧가루 · 깨소금 약간

만드는 법

1. 송이버섯은 밑동을 자르고 깨끗이 씻어 물기를 제거한 후 세로로 얇게 썬(0.2cm 두께) 다음 소금과 참기름을 약간 넣고 버무려 간이 배게 한다(손으로 찢어도 좋다).
2. 쇠고기는 두께 0.5cm, 길이는 송이버섯보다 약간 길게 썬 다음 잔 칼집을 넣어 연하게 손질하여 양념을 한다.
3. 대파는 송이버섯과 같은 길이로 썰어 참기름을 묻힌다.
4. 꼬치에 송이버섯과 쇠고기, 대파를 번갈아 끼운 다음 한쪽 면에 밀가루를 묻히고 달갈물에 적신다.
5. 달군 팬에 식용유를 두르고 4의 꼬치를 넣어 앞뒤로 지져 낸다.

참고사항

『옹희잡지』에는 산적을 '살찐 우육을 2~3촌(寸) 길이로 잘라서 유장에 담갔다가 참깨를 뿌리고 꼬치에 꿰어 양쪽을 고르게 자르고 숯불 위에서 굽는다'라고 설명하고 있다. 송이버섯은 꼬치에 꿰어 구우면 그 향이 독특하고 쫄깃하다.

정보제공자
권경순, 충청북도 보은군 삼승면 서원리

전 · 적

호박오가리누르미

재 료

늙은 호박오가리 200g • 쇠고기(우둔) 200g • 대파 100g(3뿌리) • 찹쌀가루 100g(1컵) • 식용유 적량

쇠고기 양념 간장 2큰술 • 설탕 ½큰술 • 다진 파 2작은술 • 다진 마늘 1작은술 • 통깨 · 후춧가루 · 참기름 약간

만드는 법

1. 말린 호박오가리는 물에 불린 후 10cm 길이로 썰고, 대파도 같은 크기로 썬다.
2. 쇠고기는 직사각형으로 썰어(11×1.5×0.5cm) 잔 칼집을 넣고 양념에 무친다.
3. 꼬치에 쇠고기, 대파, 호박오가리를 번갈아 끼운 후 찹쌀가루를 양면에 골고루 묻힌다.
4. 달군 팬에 식용유를 두르고 꼬치 사이사이가 떨어지지 않게 누르면서 부친다.
5. 고기가 익고 앞뒷면이 노릇하게 지져지면 채반에 놓아 식힌다.

정보제공자
김미영, 충청북도 진천군 진천읍 벽암리

참붕어찜

재 료

참붕어 2마리 • 무 200g(1/4개) • 무청시래기 300g • 콩 20g • 깻잎 20g(12장) • 미나리 20g • 쑥갓 20g • 대파 35g(1뿌리) • 밀가루 110g(1컵) • 반죽물 80mL(1/3컵) • 들깨 1큰술 • 식용유 1/2큰술 • 물 적량

양념장 간장 1 1/2큰술 • 고춧가루 2큰술 • 고추장 1큰술 • 다진 양파 1큰술 • 다진 마늘 1큰술 • 다진 생강 1큰술 • 물엿 1/2큰술 • 소금 1/2큰술 • 청주 1큰술 • 깨소금 1작은술 • 후춧가루 약간

만드는 법

1. 참붕어는 칼등으로 비늘을 제거하고 내장을 제거하여 깨끗이 손질한 다음 양쪽으로 칼집을 넣는다.
2. 무청시래기는 삶아 물기를 짜 놓고, 쑥갓과 미나리는 5cm 길이로 썰고, 대파는 어슷썬다. 무는 납작하게 썰고(4×5×1cm), 깻잎은 돌돌 말아 굵게 채 썬다.
3. 밀가루에 물을 넣고 수제비 반죽을 만들어 둔다.
4. 분량의 재료를 섞어 양념장을 만든다.
5. 두꺼운 냄비가 달궈지면 식용유를 두르고 붕어의 양면을 살짝 익힌다.
6. 익힌 붕어의 아래에 무, 콩, 삶은 무청시래기를 깔고 물과 양념장을 넣은 다음 국물을 끼얹어 주면서 서서히 맛이 배게 끓인다.
7. 어느 정도 자작하게 조려지면 들깨와 수제비 반죽을 떼어 넣고 조금 더 조리다가 쑥갓, 미나리, 깻잎, 대파를 넣고 간을 맞춘다.

1

5

6

7

❋ 참고사항

천렵이 한창인 늦봄에서 초여름에 냇가나 강에서 가장 흔히 잡히는 것이 '붕어'이며 '부어' 또는 '즉어' 라고도 한다. 옛 음식 책에는 붕어구이와 붕어찜 조리법이 많이 나오는데, 『시의전서』에 나오는 방법을 살펴보면 '큰 붕어를 비늘을 긁고 칼로 등마루를 째서 속을 내버리고 어만두 소처럼 만들어 배 속에 넣고 좋은 초 두 술을 붓는다. 고기 입 가운데 조그만 백반 조각을 넣는다. 생선을 잘라 구멍 난 데에 간장을 묻히고 실로 동여매어 노구에 물을 조금 붓고 기름장에 뭉근한 불로 끓이되 밀가루와 달걀을 풀어 넣는다' 고 하였다. 저수지가 많은 진천 지방에서는 예부터 붕어를 이용한 음식(붕어찜, 매운탕, 붕어즙)이 많이 발달했다.

정보제공자
박경숙, 충청북도 진천군 진천읍 벽암리
허정숙, 충청북도 진천군 진천읍 교성리

조리시연자
정락신, 충청북도 청주시 상당구 용암동

메기찜

재 료

메기 750g(3마리) • 무 200g(¼개) • 시래기 200g • 애호박 100g(¼개) • 양파 70g(½개) • 느타리버섯 100g(5개) • 표고버섯 100g(8개) • 밀가루 110g(1컵) • 반죽물 80mL(⅓컵) • 붉은 고추 45g(3개) • 대추 25g(10개) • 밤(깐 것) 50g(5개) • 물 적량 • 소금 약간

양념장 고춧가루 · 간장 · 다진 마늘 · 다진 생강 적량

만드는 법

1. 메기를 잘 손질하여 양념이 고루 배게 등에 칼집을 넣고 두 토막을 낸다.
2. 무는 납작하게 썰고(4×5×1cm), 애호박은 반달썰며(0.4~0.5cm), 양파도 같은 크기로 썬다.
3. 시래기는 물에 불렸다가 물기를 짜 놓고, 느타리버섯은 먹기 좋은 크기로 찢고, 표고버섯은 밑둥을 떼어 놓는다.
4. 밤은 2~3등분하고, 붉은 고추는 어슷썬다(0.3cm).
5. 밀가루에 물을 부어 되직하게 반죽하여 수제비 반죽을 만들어 둔다.
6. 냄비에 무와 시래기를 깔고 메기와 양념장을 넣은 후 재료가 잠길 정도로 물을 붓고 끓인다.
7. 어느 정도 끓으면 밤, 대추, 버섯, 채소와 수제비 반죽을 떼어 넣고 가끔 국물을 끼얹어 가며 국물이 자작해질 때까지 끓인다.

참고사항

- 찜의 첫 기록은 한문으로 표기된 『대동야승』(1420년)의 닭을 이용한 증계(蒸鷄)이고, 『음식디미방』(1670년)에서 닭찜, 개찜, 붕어찜, 해삼찜, 가지찜, 오이찜, 개장찜의 우리말 기록의 찜을 찾을 수 있다. 특히 생선찜의 경우 그 명칭이 『음식방문』에 물고기찜, 『김승지댁주방문』에 생선찜방문, 『진찬의궤』, 『진연의궤』, 『진안의궤』에 생선증, 『조선무쌍신식요리제법』, 『이조궁정요리통고』, 『한국요리백과사전』, 『한국음식』에 생선찜으로 기록되어 있다.
- 메기는 민물고기 중 강장식품으로 메기찜은 메기를 이용한 여름철 보양음식의 하나이다.

정보제공자
이춘자, 충청북도 청원군 가덕면 상야리

붕어찜

재료

붕어 2마리 • 시래기 300g • 무 200g(¼개) • 감자 50g(⅓개) • 검은콩 20g • 미나리 50g • 표고버섯 30g(2개) • 밤(깐 것) 80g (5개) • 대추 10g(4개) • 엄나무 · 황기 · 물 적량

양념장 고추장 1작은술 • 국간장 5큰술 • 고춧가루 3큰술 • 다진 파 2큰술 • 다진 마늘 1큰술 • 다진 생강 1작은술 • 들기름 1큰술 • 후춧가루 · 청주 약간

만드는 법

1. 붕어의 비늘과 내장을 제거하고 아가미를 잘라 낸다.
2. 냄비에 물을 붓고 엄나무와 황기를 넣고 끓여 국물을 만든다.
3. 검은콩은 물에 불려 놓고, 밤과 대추는 0.2cm 굵기로 채 썰어 고명을 준비해 놓는다.
4. 시래기는 물에 불려 물기를 짜 놓고, 무와 감자는 납작하게 썬다(4×5×1cm). 표고버섯은 밑둥을 떼어 준비한다.
5. 냄비에 납작하게 썬 무와 감자, 시래기, 콩을 깐 다음 붕어를 올린다.
6. 붕어 위에 표고버섯과 양념장을 끼얹고 콩을 가장자리에 국물을 붓는다.
7. 40분간 은근한 불에서 끓인 다음 미나리를 올리고 그 위에 밤채와 대추채를 고명으로 얹어 살짝 끓인다.

정보제공자
박애성, 충청북도 충주시 동량면 조동리

고문헌
식료찬요(붕어찜), 음식디미방(붕어찜), 주방문(붕어찜), 규합총서(붕어찜), 시의전서(붕어찜), 부인필지(붕어찜), 조선요리제법(붕어찜), 조선무쌍신식요리제법(부어찜 : 鮒魚찜)

상어찜

재 료

상어 1마리 • 달걀 50g(1개) • 잣가루 1큰술 • 실고추 10g

초고추장 고추장 5큰술 • 설탕 5큰술 • 식초 5큰술 • 다진 파 2큰술 • 다진 마늘 1큰술 • 통깨 1큰술

만드는 법

1. 상어는 비늘과 내장을 제거하고 포를 떠서 꾸덕꾸덕하게 말린다.
2. 말린 상어포를 더운 물에 담가서 솔로 문질러 깨끗하게 한다.
3. 달걀은 황백지단을 부쳐 곱게 채 썬다(5×0.2×0.2cm).
4. 상어를 먹기 좋은 크기로 썰어 찜통에 가지런히 놓고 황백지단, 잣가루, 실고추를 얹어 푹 찐다.
5. 한소끔 김이 나가고 따끈할 때 초고추장을 곁들인다.

참고사항

기호에 따라 초간장을 곁들이기도 한다.

출 처

문화공보부 문화재관리국, 한국민속종합조사보고서(향토음식 편), 1984

찜 · 선

밤선

재료

밤 210g(13개) • 다진 쇠고기 150g • 전분 10g • 참기름 1큰술

쇠고기 양념 다진 파 3큰술 • 다진 마늘 1큰술 • 깨소금 · 후춧가루 약간

양념장 간장 3큰술 • 청주 ½큰술 • 설탕 1큰술

만드는 법

1. 밤은 껍질을 벗겨 살짝 삶아 전분에 묻힌다.
2. 다진 쇠고기에 양념을 한다.
3. 2의 쇠고기를 조금씩 떼어 1의 밤을 완전히 감싸 완자를 만든 다음 전분을 살살 뿌린다.
4. 김이 오른 찜통에 면포를 깔고 3의 밤 완자를 넣어 찐다.
5. 냄비에 양념장을 끓이다가 찐 밤 완자를 넣고 윤기 나게 조린 다음 참기름을 뿌려 고루 섞는다.

참고사항

선은 『음식디미방』(1670년)에 동아선이 첫 기록이고, 『주방문』(1600년 말엽)에 오이선, 동아선, 가지선이 기록되어 있으며, 1800년대 이후의 소리서부터는 계속해서 기록되어 오고 있다.

정보제공자
이동숙, 충청북도 단양군 단양읍 상진리

회

다슬기무침(올갱이무침)

재 료

다슬기(올갱이) 1컵 • 미나리 20g • 쑥갓 20g • 깻잎 20g(12장) • 양배추 50g(1⅓장) • 당근 50g(⅓개) • 오이 50g(⅓개) • 풋고추 30g(2개) • 상추 20g(3장) • 소금 약간

양념 고추장 2큰술 • 다진 마늘 ½큰술 • 설탕 2큰술 • 참기름 1큰술 • 식초 2큰술 • 깨소금 약간

만드는 법

1

1. 다슬기는 5시간 정도 물에 담가 해감을 뺀 후 깨끗이 씻어 물때를 제거한 다음 끓는 물에 삶아서 건져 내어 바늘로 살을 빼 놓는다.
2. 오이는 길이대로 반을 갈라 어슷썰고(0.3cm), 당근은 직사각형으로 썬다(5×1×0.2cm).
3. 양배추는 가늘게 채 썰고(5×0.2×0.2cm), 미나리와 쑥갓은 5cm 길이로 썬다.
4. 상추와 깻잎은 1cm 간격으로 썰고, 풋고추는 어슷하게 썬다(0.3cm).
5. 고추장에 참기름, 다진 마늘, 설탕, 식초, 깨소금을 넣고 양념을 만든다.
6. 다슬기와 손질한 채소에 양념을 넣고 고루 버무린다.

2~4

✿ 참고사항

기호에 따라 고춧가루를 약간 넣어도 좋다.

5

6

정보제공자
김명수, 충청북도 괴산군 청천면 신도원

조리시연자
정락신, 충청북도 청주시 상당구 용암동

회

민물비빔회(청풍향어비빔회)

재 료

송어(또는 향어) 1마리 • 양배추 50g(1⅓장) • 당근 50g(⅓개) • 오이 50g(⅓개) • 풋고추 50g(4개) • 쑥갓 20g • 미나리 20g • 상추 20g(3장) • 깻잎 20g(12장) • 소금 1작은술

양념 고추장 3큰술 • 다진 마늘 1큰술 • 설탕 3큰술 • 식초 3큰술 • 참기름 1큰술 • 깨소금 약간

만드는 법

1. 민물고기는 비늘을 긁어 내고 내장을 빼내어 깨끗이 씻어 포를 뜬 다음 굵게 채 썬다(5×1×1cm).
2. 오이는 반으로 갈라 어슷썰고(0.3cm), 당근은 직사각형으로 썬다(5×1×0.2cm).
3. 양배추는 가늘게 채 썰고(5×0.2×0.2cm), 미나리와 쑥갓은 5cm 길이로 썬다.
4. 상추와 깻잎은 1cm 간격으로 썰고, 풋고추는 어슷하게 썬다(0.3cm).
5. 분량의 재료를 섞어 양념을 만들어 준비한 재료를 모두 넣고 고루 버무린다.

1

1

2~4

5

참고사항

- 식성에 따라 회와 상추, 깻잎, 풋고추와 싸서 먹기도 한다.
- 설탕 대신 사과와 배를 사용하여 양념을 만들기도 한다.
- 제천 청풍 호반을 둘러싸고 있는 맑은 물에서 양식하고 있는 민물고기를 이용한 각종 요리가 발달되어 있는데, 특히 제천 청풍에서는 바다 한치회에서 응용한 담백하면서도 새콤달콤한 민물고기비빔회가 유명하여 전국 미식가들이 즐겨 찾고 있는 음식이라고 한다.

정보제공자
김금옥, 충청북도 제천시 청풍면 물태리

조리시연자
정락신, 충청북도 청주시 상당구 용암동

회

추어숙회

재료

미꾸라지 500g • 양파 300g(2개) • 대파 70g(2뿌리) • 감자 150g(1개) • 배춧잎 2장 • 느타리버섯 100g(5개) • 생강 5g(1쪽) • 마늘 15g(3쪽) • 청주 1큰술 • 소금 1큰술 • 후춧가루 1작은술

초고추장 고추장 2큰술 • 간장 1큰술 • 식초 2큰술 • 설탕 1큰술

고추냉이 간장 간장 2큰술 • 고추냉이가루 1큰술 • 물 1큰술

만드는 법

1. 미꾸라지를 그릇에 담고 소금을 뿌린 후 뚜껑을 덮어 두면 잠시 요동치다가 멈춘다. 미꾸라지 표면의 미끄러운 점액질을 깨끗하게 벗겨 내어 여러 차례 맑은 물로 헹궈 낸다.
2. 느타리버섯은 손으로 찢고, 양파는 0.3cm 너비로 채 썰며, 감자는 0.5cm 두께의 은행잎 모양으로 썬다.
3. 배추는 5cm 길이로 썰고, 대파는 어슷하게 썰고, 마늘과 생강은 얇게 편 썬다(0.3cm).
4. 냄비에 생강, 마늘, 청주, 미꾸라지를 넣고 물을 부어 끓인 다음 미꾸라지를 건져 내고 국물은 체에 밭쳐 둔다.
5. 냄비에 4의 국물과 2, 3의 채소를 넣고 끓이다가 익힌 미꾸라지를 넣고 한소끔 끓인 후 소금, 후춧가루로 간을 맞춘다.
6. 고추냉이가루를 물에 되직하게 개어 간장에 섞는다.
7. 고추냉이 간장이나 초고추장을 곁들인다.

2

5

5

6

출처
영동군농업기술센터 영동군생활개선회 향토음식연구회, 감고을 영동의 우리 맛 발자취, 2003

정보제공자
오경애, 충청북도 괴산군 감물면 오성리

조리시연자
정락신, 충청북도 청주시 상당구 용암동

마른반찬

고추부각

재 료

풋고추 200g(14개) • 밀가루 50g(½컵) • 쌀가루 50g(⅓컵) • 식초 1작은술 • 소금 1작은술 • 식용유 적량

만드는 법

1. 풋고추는 칼집을 넣어 씨를 뺀 후 식초와 소금물에 하루 정도 담가 매운맛을 우려 낸다.
2. 1의 고추에 밀가루와 쌀가루를 섞어 묻혀 찜통에 넣고 찐 다음 햇볕에 말린다.
3. 먹을 때 식용유에 튀겨 낸다.

마른반찬

가죽잎부각

재 료

가죽잎 20장 • 찹쌀가루 50g(½컵) • 물 200mL(1컵) • 식용유 적량

양념 고추장 2큰술 • 간장 1작은술 • 다진 마늘 1큰술 • 통깨 1큰술 • 참기름 1작은술

만드는 법

1. 연한 가죽잎을 골라 끓는 물에 살짝 데쳐서 찬물에 헹구고 채반에 널어 꾸덕꾸덕하게 말린다.
2. 찹쌀가루에 물을 부어 찹쌀풀을 되직하게 쑨 다음 양념을 넣고 고루 섞어 식힌다.
3. 2의 찹쌀풀을 가죽잎 3장을 한 데 모아 겉면에 고루 발라서 채반에 펴 널어 통풍이 잘 되는 곳에서 말린다.
4. 먹을 때 석쇠에 굽거나 식용유에 튀겨 낸다.

참고사항

가죽잎에 찹쌀풀을 바른 뒤 마른 찹쌀가루를 뿌려 주면 채반에 달라붙지 않고 건조도 빠르기 때문에 깨끗하게 말릴 수 있다.

정보제공자
남승순, 충청북도 영동군 영동읍 설계리

마른반찬

죽순부각

재 료

죽순 1kg(5개) • 찹쌀가루 200g(2컵) • 물 600mL(3컵) • 소금 1작은술 • 통깨 · 식용유 적량

만드는 법

1. 어린 죽순을 깨끗이 씻어 물기를 제거한다.
2. 찹쌀가루를 물에 풀고 소금을 약간 넣어 끓여서 찹쌀풀을 묽게 쑤어 식힌다.
3. 죽순을 찹쌀풀에 담갔다가 채반에 펴서 바람이 통하는 그늘에서 뒤집어 가며 2~3일간 말린다.
4. 식용유에 튀겨 내어 통깨를 뿌린다.

참고사항

- 겉면이 윤기 나게 마르면 밀폐용기나 비닐봉지에 담아 보관했다가 먹을 때에 참기름을 발라 굽거나, 낮은 온도의 식용유에서 튀겨 내어 간장에 찍어 먹는다.
- 매콤하게 할 때는 고추장 양념(고추장, 다진 마늘, 설탕, 통깨)과 찹쌀풀을 섞어 한 번 튀겨 낸 부각에 다시 한번 발라 4~5일간 말린다.
- 『증보산림경제』(1766년)에 부각을 설명하는 전천초방(煎川椒方)을 보면 '찹쌀가루를 국간장에 반죽하여 이것을 시루에 쪄내서 천초가루를 섞어 본판(本板) 위에다 잘 이겨 떡가래 모양으로 만든 것을 썰어서 건조시킨다. 이것을 향유(香油) 속에 넣어 전(煎)하면 부풀어 올라 씹으면 아삭아삭하다'고 하였다.

정보제공자
김명례, 충청북도 보은군 삼승면 우진리

마른반찬

돼지고기육포

재 료

돼지고기(등심) 600g • 사과 250g(1개) • 양파 160g(1개) • 생강 30g

양념장 간장 4큰술 • 설탕 2큰술 • 꿀 1큰술 • 술 1큰술 • 양파즙 1큰술 • 생강즙 2작은술 • 후춧가루 약간

만드는 법

1. 돼지고기는 0.4~0.5cm의 두께로 얇게 썬다.
2. 사과, 양파, 생강을 갈아 즙을 만들어 돼지고기를 30~40분 정도 담가 핏물을 빼준다.
3. 분량의 재료로 양념장을 만들어 손질한 고기를 넣고 양념이 잘 배도록 오래 주무른다.
4. 한 시간 정도 재웠다가 뒤집어가며 말리고 무거운 것으로 눌러 놓는다.
5. 먹을 때 구워서 참기름을 발라 먹는다.

참고사항

육포는 고기를 양념하여 얇게 펴서 말린 식품으로 조상의 슬기와 혼이 담겨 있는 민속 고유 전통식품 중의 하나이다. '포'의 유래는 자연물을 채집하여 식량으로 만들 때부터 시작되었다고 추측되나, 문헌상으로는 『삼국사기』 [신라본기] 편에 신문왕 3년 폐백품목에서 처음 나타난 기록이 있다. 과거에는 '포'가 귀한 식품이었기 때문에 주로 특정 계층에서 사용하였고, 직접 집에서 만들어 귀한 손님에게 대접하는 술안주 및 다과와 폐백용품으로 주로 이용하였다. 원래 '포'란 식량을 저장하기 위한 수단으로 발달한 가공법으로 거처를 정하지 않고 물과 풀밭을 따라 옮겨가며 소나 양 따위의 가축을 기르던 유목민족에 의해 발달하였다.

정보제공자
조희영, 충청북도 충주시 교현동

마른반찬

빙어튀김

재 료

빙어 300g • 밀가루 110g(1컵) • 감자 전분 100g(⅔컵) • 달걀 50g(1개) • 물 200mL(1컵) • 소금 약간 • 식용유 적량

만드는 법

1. 빙어는 아가미 쪽으로 내장을 꺼내어 손질하고 깨끗이 씻어 물기를 제거한다.
2. 밀가루와 감자 전분을 섞고, 달걀은 잘 풀어 둔다.
3. 차가운 얼음물에 2와 소금을 약간 넣고 튀김옷을 만든다.
4. 손질한 빙어에 밀가루를 살짝 묻히고, 튀김옷을 묻혀 끓는 식용유에 바삭하게 튀겨 낸다.

참고사항

저수지와 강가 지역에서는 민물생선을 이용한 음식이 다양하게 발달했으며 그 중 빙어, 피라미, 모래무지 등 작은 생선은 튀김으로 이용한다. 대청호의 차가운 얼음 속에서 잡히는 빙어는 뼈와 살이 연하여 금방 잡아 날로 초고추장에 찍어 먹기도 한다.

정보제공자
서금화, 충청북도 옥천군 청산면 지전리

산채순대

재 료

돼지창자 200g • 선지 200g • 돼지기름 3큰술 • 두부 150g(⅓모) • 취나물 30g • 다래순 30g • 고사리 30g • 우거지 30g • 육수 · 굵은소금 적량

양념 들깻가루 2큰술 • 다진 파 5큰술 • 다진 마늘 5큰술 • 다진 생강 5큰술 • 후춧가루 · 새우젓 · 참기름 약간

만드는 법

1. 취나물, 다래순, 숙주는 끓는 물에 데쳐 잘게 썰고, 두부는 물기 없이 면포에 담아 꼭 짜서 으깬다.
2. 고사리와 우거지는 삶아서 물기를 빼고 잘게 썬다.
3. 돼지창자의 속을 훑어 내고 굵은소금으로 주물러 깨끗이 손질한다.
4. 선지에 1과 2의 재료들을 섞고 돼지기름과 분량의 재료로 양념하여 창자 속에 넣는다.
5. 4를 육수에 삶아 내어 적당한 크기로 썬다.

❁ 참고사항

『음식디미방』에서는 개의 창자를 이용한 순대, 『주방문』에서는 소 창자에다 선지를 넣어 삶은 선지순대, 『증보산림경제』, 『역주방문』, 『규합총서』에서는 소 창자에 고기를 두드려 온갖 양념과 기름장으로 간을 맞추어 섞고 가득히 넣어 쪄 낸 순대 등이 설명되어 있다. 그러나 여기에서는 '순대'라는 이름 대신 『음식디미방』에서는 '개장'이라 하였고,『주방문』에서는 황육 삶는 법, 『증보산림경제』 등에서는 '우장증'이라 하였으나 『시의전서』에 비로소 '돼지순대'란 용어가 등장하게 된다.

정보제공자
서명화, 충청북도 단양군 매포읍 평동리

묵 · 두부

밤묵

재료

밤 3kg • 물 적량

만드는 법

1. 밤 껍질을 벗겨 물을 조금씩 부으면서 맷돌이나 분쇄기에 간 다음 고운체에 거른다.
2. 가라앉은 앙금을 햇볕에 말려 밤 전분을 만든 다음 물 4컵에 밤 전분 1컵을 섞어 걸쭉하게 끓여 묵을 쑨다.
3. 묵 틀에 면포를 깔고 2를 넣어 굳힌다.

출처
충청북도, 향토건강음식 충북의 맛 100선, 1996

묵 · 두부

칡묵

재료

칡 전분 150g(1컵) • 물 1.2L(6컵)

만드는 법

1. 칡 전분과 물을 1 : 6의 비율로 섞는다.
2. 약한 불에서 눌어 붙지 않게 저어 가며 끓이다가 기포가 많이 올라오면 틀에 부어 식힌다.

참고사항
묵은 곡식 또는 나무열매나 뿌리 따위를 맷돌이나 분쇄기에 갈아서 가라앉힌 후 그 앙금을 물과 함께 죽 쑤듯이 되게 쑤어 식혀서 굳힌 것으로 우리나라 고유의 전통음식이다. 묵의 원료가 되는 앙금(전분)을 얻을 수 있는 주된 식품은 메밀, 녹두, 옥수수, 도토리, 밤, 칡 등이다. 최초의 묵의 원료가 된 도토리는 신석기시대부터 그 흔적을 찾아 볼 수 있어 우리나라에서의 묵 쑤기는 오랜 세월 동안 전통적으로 전승되어 온 음식임을 알 수 있다.

정보제공자
이점옥, 충청북도 단양군 대강면 사인암리

더덕장아찌

재 료

더덕 240g(대 6개) • 고추장(또는 막장) 적량

양념 마늘 5g(1쪽) • 대파 5g • 참기름 1작은술 • 설탕 1작은술

만드는 법

1. 더덕은 껍질을 벗겨 방망이로 밀어 편평하게 한 후 물기 없이 꾸덕꾸덕하게 말린다.
2. 더덕을 고추장 또는 막장에 박아 숙성시킨다.
3. 먹을 때 꺼내어 다진 마늘, 다진 파, 참기름, 설탕으로 갖은 양념하여 무친다.

1

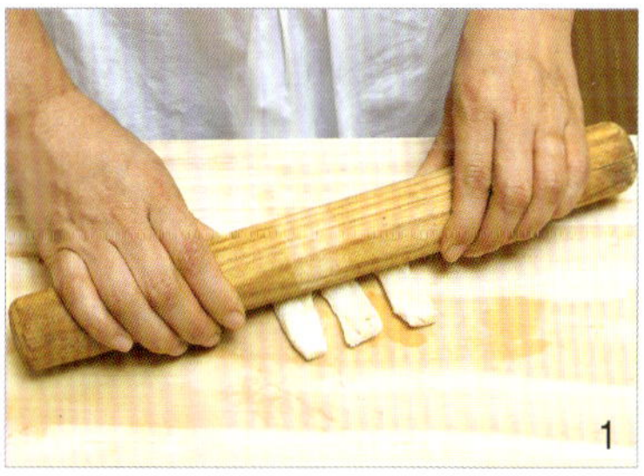
1

2

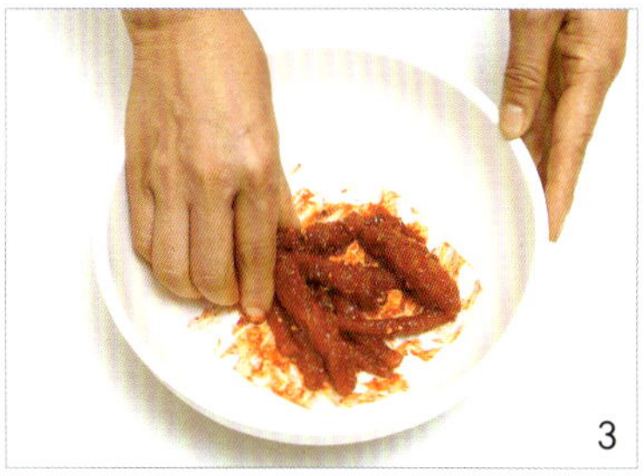
3

❁ 참고사항

장아찌는 인류가 식품을 저장해서 먹기 시작한 최초의 원초형 절임류에서 시작된다고 할 수 있다. 우리나라는 상고시대에 이미 무, 가지, 죽순 등이 있었고 삼국시대의 채소류 재배상황이나 장, 술, 젓갈, 저(菹) 등 발효식품의 가공기술 정착, 그리고 식생활 구조의 형태가 완성된 점으로 미루어 볼 때 장아찌는 절임의 형태로 식용되었을 것으로 추정되며, 이와 같은 채소절임은 오늘날의 김치와 장아찌로 이어진다고 볼 수 있다. 장아찌에 관한 기록으로는 『동국이상국집』에서 장류를 이용한 '무장아찌'의 기록을 처음으로 볼 수 있으며, 조선시대에는 여러 가지의 조리서와 농서에 다양한 장아찌가 상세하게 기록되어 있다.

출 처
충청북도, 향토건강음식 충북의 맛 100선, 1996

조리시연자
정락신, 충청북도 청주시 상당구 용암동

장아찌

표고장아찌

방법 1

재료

건표고버섯 100g(30개) • 마른 고추 2개 • 마늘 30g(1통) • 물 적량 • 간장 4컵 • 생강즙 1큰술 • 소금 1큰술

만드는 법

1. 간장에 물, 생강즙, 소금, 마늘, 마른 고추를 넣고 끓인 후 식힌다.
2. 항아리에 건표고버섯을 담고 버섯이 잠길 정도로 2의 간장을 붓는다.

1

1

2

조리시연자
정락신, 충청북도 청주시 상당구 용암동

방법 2

재료

건표고버섯 100g(30개) • 간장 2컵 • 국간장 2컵 • 물엿 2½컵 • 설탕 2컵

다시마장국국물 다시마 20g • 마늘 30g(1통) • 생강 20g • 양파 70g(½개) • 마른 고추 5개 • 물 7L(35컵)

만드는 법

1. 건표고버섯은 불려서 꼭지를 떼고 물기를 뺀다.
2. 냄비에 물을 붓고 다시마, 마늘, 생강, 양파, 마른 고추를 넣어 20분 정도 끓여서 면포에 걸러 장국국물을 만든다.
3. 다시마장국국물에 간장, 국간장, 설탕, 물엿을 넣어 ⅓분량으로 줄 때까지 졸인다.
4. 물에 불린 표고버섯을 3에 넣고 팔팔 끓인 후 건더기를 건져 내고 5분 정도 더 끓여서 식힌다.
5. 항아리에 표고버섯을 넣고 4의 간장을 붓는다.

감장아찌

재 료

떫은 감 1.4kg(100개) • 소금물(10% 농도) 18L

양념 고춧가루 · 다진 마늘 · 참기름 · 깨소금 적량

만드는 법

1. 떫은 감을 물에 씻지 말고 꼭지째 마른 면포로 깨끗이 닦아 항아리에 차곡차곡 담고 위에 무거운 돌로 눌러 놓는다.
2. 소금물을 항아리에 붓고 서늘한 곳에 4~5일간 둔다.
3. 간이 밴 감을 꼭지를 따고 납작하게 썰어 양념으로 무친다.

참고사항

- 가로수까지 감나무로 빽빽한 영동과 인근 옥천 지방은 곶감과 감떡, 감장아찌, 감식초 등 감을 이용한 음식이 발달하였다. 입맛이 없는 봄, 여름철에 짭짤하고 아삭한 감장아찌의 맛이 별미이다.
- 소금에 절인 감을 꺼내어 고추장에 박았다 먹기도 한다.

정보제공자
김광자, 충청북도 옥천군 동이면 평산리

장아찌

고추젓

재 료

풋고추 1kg • 골파 100g • 소금 1컵 • 물 적량 • 통깨 약간

양념 다진 생강 5큰술 • 다진 마늘 ½컵 • 멸치젓국 1컵 • 간장 5컵

만드는 법

1. 풋고추는 하나하나 바늘로 구멍을 뚫고 연한 소금물에 하루 동안 절여 두었다가 건져서 햇볕에 잠깐 말려 둔다.
2. 골파는 고추와 같은 길이로 썬다.
3. 골파, 멸치젓국, 간장, 다진 생강, 다진 마늘을 섞어 양념을 만들어 1의 고추를 버무려 항아리에 담고 고추 위에 통깨를 얹어 돌로 눌러 놓는다.
4. 3일 정도 지나면 항아리에 괸 국물을 따라 내어 한소끔 끓여 식힌 다음 다시 항아리에 붓고 돌로 눌러 두었다가 1주일 후에 반복하여 끓인 후 식혀 붓는다.
5. 돌로 잘 눌러 밀봉해서 뚜껑을 덮어 두었다가 한 달 후부터 먹는다.

출 처
문화공보부 문화재관리국, 한국민속종합조사보고서(향토음식 편), 1984

깻잎장아찌

방법 1

재 료

깻잎 160g(10단)

양념 멸치젓국 5큰술 • 채 썬 대파 2큰술 • 채 썬 마늘 1큰술 • 통깨 2큰술 • 실고추 2큰술

만드는 법

1. 깻잎은 10장씩 굵은 실로 묶어서 끓는 물에 살짝 데친다.
2. 멸치젓국에 채 썬 대파와 마늘, 통깨, 실고추를 섞어 양념을 만든다.
3. 데친 깻잎에 양념을 고루 발라 한 묶음씩 돌돌 말아 항아리에 차곡차곡 담고 돌로 눌러 삭힌다.

출 처
문화공보부 문화재관리국, 한국민속종합조사보고서(향토음식 편), 1984

방법 2

재 료

깻잎 320g(20단) • 된장 500g • 소금물 적량

양념 다진 마늘 · 다진 양파 · 다진 파 · 고춧가루 · 들기름 · 깨소금 적량

만드는 법

1. 깻잎을 깨끗하게 씻어 30장씩 무명실로 묶어 항아리에 차곡차곡 담고 돌로 눌러 떠오르지 않게 한다.
2. 진한 소금물을 항아리에 붓고 3~4일간 둔다.
3. 깻잎의 쓴물이 빠지면 꺼내어 헹구지 말고 채반에 건져 물기를 뺀다.
4. 된장 사이사이에 깻잎을 박아 1개월 이상 둔다. 망사자루에 넣어 두면 꺼내기 쉽다.
5. 깻잎이 누렇게 삭으면 물에 헹구어 된장을 제거한다.
6. 분량의 재료로 양념을 만들어 깻잎 사이사이에 묻힌다.
7. 오목한 그릇에 깻잎을 담아 밥 위에 찌거나 냄비에 물을 붓고 중탕하여 쪄 낸다.

참고사항
물기를 제거한 깻잎에 끓인 간장 붓기를 3회 정도 반복하면 저장성이 높아진다.

정보제공자
김정화, 충청북도 옥천군 옥천읍 금구리

무장아찌

재료

동치미무 8.5kg(10개) • 고추장 1kg • 간장 1L(5컵)

만드는 법

1. 동치미무는 물에 씻어 햇볕에 며칠 동안 말린다.
2. 말린 동치미무에 고추장, 간장을 넣어 버무리고 1개월 정도 삭힌다.

참고사항

장아찌는 장과라고 하며 무, 배추, 오이, 미나리, 마늘, 마늘종, 풋고추, 깻잎, 가지 등의 채소를 간장, 된장, 고추장 등에 넣어 오래 두고 먹는 저장식품이며 불로 익혀서 즉석에서 만드는 갑장과도 있다. 가을철에는 무를 썰어서 말려 두었다가 필요할 때 불려서 간장으로 무친 장아찌도 있다. 생무로도 짭짤한 장아찌를 바로 만들 수 있는데 급히 만든다고 하여 갑장과 또는 숙장과라고 한다. 무갑장과는 갸름한 막대 모양으로 썰어 간장에 절여서 쇠고기와 함께 볶는다.

정보제공자
최충희, 충청북도 청주시 흥덕구 신전동

고문헌
조선요리제법(무장아찌)

장아찌

초피장아찌

재 료

초피(제피) 300g • 간장 2컵 • 식초 1컵 • 설탕 3큰술

만드는 법

1. 초피는 물에 깨끗이 씻은 다음 물기를 제거한다.
2. 유리병이나 항아리에 초피를 넣고 돌로 눌러 떠오르지 않게 한다.
3. 간장과 설탕, 식초를 팔팔 끓여서 식혀 2에 붓고 뚜껑을 덮어 2주일간 서늘한 곳에 둔다.
4. 간장을 따라 내어 다시 끓여 붓기를 2~3회 반복한다.

❁ 참고사항

• 초피(제피)는 산초와 비슷하며 양지바른 산에 자생하는 나무로 어린 열매와 어린 순을 함께 장아찌를 만들어 먹기도 했다. 향기가 강하고 맵고 시고 떫은 맛이 조화되어 입맛을 돋운다.

• 5월 하순에서 6월 초에 초피나무 열매가 반쯤 여물었을 때 열매를 송이째 채취한다.

정보제공자
강순임, 충청북도 괴산군 청천면 월문리

풋고추초장아찌(초고추)

방법 1

재 료

풋고추 4kg • 간장 20컵 • 설탕 10컵 • 식초 10컵

만드는 법

1. 풋고추는 깨끗이 씻어 물기를 뺀 후 꼭지를 반쯤 가위로 잘라 내고, 풋고추 끝에 바늘로 구멍을 2군데 정도 낸다.
2. 간장과 설탕을 2 : 1의 비율로 섞어 한소끔 끓인 후 식초를 넣고 한 번 더 살짝 끓인다.
3. 항아리에 풋고추를 담고 위를 무거운 돌로 눌러 떠오르지 않게 한 뒤 2의 끓인 간장을 뜨거울 때 붓고 뚜껑을 덮어 서늘한 곳에 둔다.
4. 일주일 후 간장을 따라 내어 다시 한번 끓여 붓는다.

정보제공자
최인수, 충청북도 음성군 음성읍 삼생리

방법 2

재 료

풋고추 500g • 간장 1컵 • 국간장 ½컵 • 물 150mL(¾컵) • 식초 5큰술 • 설탕 ½컵

만드는 법

1. 풋고추는 깨끗이 씻어서 물기를 완전히 제거하고 바늘로 찔러 구멍을 낸 후 항아리에 넣는다.
2. 냄비에 물, 간장을 1 : 2의 비율로 넣고 식초, 설탕도 넣어 끓여 항아리에 고추가 잠길 정도로 붓는다.
3. 고추가 뜨지 않게 돌로 잘 눌러 1개월가량 숙성시킨다.

참고사항

1개월가량 숙성시킨 후 간장물과 고추를 함께 먹기도 하고, 고추만 건져 물엿, 고추장 등의 양념으로 무쳐 먹기도 한다.

정보제공자
성연자, 충청북도 청주시 강서동

찹쌀고추장

재 료

찹쌀 1.7kg(10컵) • 고춧가루 6컵 • 메줏가루 320g(4컵) • 엿기름가루 · 물 적량 • 소금 8컵

만드는 법

1. 찹쌀을 씻어 물에 충분히 불린 다음 가루로 빻는다.
2. 엿기름가루를 삼베주머니에 넣어 팔팔 끓여 식힌 물에 넣고 주물러서 하룻밤 동안 그대로 담가 두었다가 건져 내고 앙금을 가라앉혀 엿기름물을 만든다.
3. 찹쌀가루를 익반죽하여 손바닥만한 크기로 얄팍하게 빚어서 끓는 물에 삶아 건진다.
4. 넓은 그릇에 2의 엿기름물과 3을 넣고 덩어리가 풀어지도록 나무주걱으로 갠 다음 메줏가루와 고춧가루, 소금을 넣고 고루 젓는다. 고추장의 농도는 엿기름물을 부어가며 조절한다.
5. 깨끗이 씻어 물기를 제거한 항아리에 고추장을 담고 위에 소금을 얹은 다음 면포를 덮고 고무줄로 동여맨 후 햇볕을 쪼여 30일 이상 숙성시킨다.

참고사항

- 우리나라에서 고추장을 담그기 시작한 것은 1700년대 후반으로 1800년대 초의 『규합총서』에는 순창 고추장과 천안 고추장이 팔도의 명물 중 하나로 소개되어 있다. 『월여농가』(1861년)에서는 '콩으로 담근 말장가루 한 말에 고춧가루 세 홉, 찹쌀가루 한 되의 세 가지 맛을 취하여 좋은 국간장으로 침장한 뒤에 햇볕에 숙성시킨다' 고 씌어 있어 지금과 비슷한 고추장을 담가 먹었음을 알 수 있다. 고추장의 원료는 메줏가루, 고춧가루, 곡물가루, 소금이다.
- 숙성시키는 동안 빗물이 들어가지 않도록 하고, 항아리를 자주 닦아 준다.

조리시연자
이송자, 충청북도 음성군 소이면 후미리

고문헌
조선요리제법(찹쌀고추장)

담북장

재 료

콩 800g(5컵) • 소금 5큰술 • 물 적량 • 다진 마늘 5큰술 • 굵은 고춧가루 3큰술

만드는 법

1. 콩으로 메주를 띄워 쪼갠 다음 햇볕에 말려 곱게 빻아서 메줏가루를 만든다.
2. 메줏가루를 며칠 동안 그늘에 널어 메주 냄새를 없앤다.
3. 메줏가루를 짜지 않은 소금물로 질게 버무려 다진 마늘, 굵은 고춧가루를 섞어 삭힌다.

참고사항

숟가락으로 뜨면 흐를 정도의 담북장은 찌개처럼 끓이지 않고 그대로 숟가락으로 조금씩 떠서 먹는 것이 맛이 있고 식욕을 돋운다.

출 처

문화공보부 문화재관리국, 한국민속종합조사보고서(향토음식 편), 1984

고문헌

시의전서(담북장 : 淡北醬), 조선요리제법(담북장)

막장

재료

메주 8kg • 보리 1kg(7컵) • 엿기름가루 1kg($8\frac{2}{3}$컵) • 고추씨 5컵 • 소금 약간 • 물 적량

만드는 법

1. 메주는 깨끗이 씻어서 밤톨 크기로 쪼개어 7일 정도 햇볕에서 말린 후 메줏가루로 만든다.
2. 고추씨도 분쇄기로 갈아서 가루로 만든다.
3. 보리는 물에 불리지 않고 마른 면포로 깨끗이 닦아서 분쇄기로 한 번 정도 갈아 준다.
4. 엿기름가루와 물을 섞고 3의 갈은 보리를 넣은 후 끓인다. 메줏가루와 고추씨가루를 넣고 한 번 더 끓인다.
5. 마지막에 소금으로 간을 한다.
6. 완전히 식힌 후 항아리에 담아 3개월 정도 발효시킨다.

정보제공자
이용춘, 충청북도 충주시 산척면 송강리

장

보리고추장

재료

보리 4kg • 고춧가루 2kg • 메줏가루 2kg • 소금 약간 • 물 적량

만드는 법

1. 보리는 깨끗이 씻어 잘 말린 뒤 가루로 만들어 시루에 찐다.
2. 1에 끓여서 식힌 물을 고루 섞어 시루에 넣은 후 3~4일간 띄운다.
3. 2에 고춧가루와 메줏가루를 넣어 비비면서 버무리고 소금으로 간을 한다.

참고사항

보리고추장에는 엿기름을 사용하지 않는 것이 특징이다.

출처

문화공보부 문화재관리국, 한국민속종합조사보고서(충청북도 편), 1976

고문헌

조선요리제법(보리고추장)

쑥된장

재 료

메주 8kg • 쑥 2kg

소금물 소금 2kg • 물 10L

만드는 법

1. 쑥은 깨끗이 씻어 물을 붓고 푹 삶은 다음 건져서 다져 놓고 물은 따로 둔다.
2. 메주는 깨끗이 씻어 쪼갠 후 소금물을 부어 부드럽게 한 다음 손으로 주물러 덩어리가 없게 하고, 다진 쑥과 쑥 삶은 물을 넣어 고루 섞는다.
4. 항아리에 눌러 담고 햇볕을 쬐며 2개월간 숙성시킨다.

참고사항

된장은 고대로부터 전해 내려온 우리나라 고유의 발효식품이다. 간장의 '간' 은 짠맛을 의미하고 된장의 '된' 은 '되다' 는 뜻이 있는데, 원료가 되는 콩을 쪄서 메주를 만들고 이에 소금물을 첨가하여 발효시킨 후 여액을 간장으로 하고 그 나머지를 된장으로 한다. 쑥된장은 메주에 소금과 쑥을 다져 섞어 만들었다.

정보제공자
장학이, 충청북도 단양군 대강면 방곡리

장

인삼고추장

재 료

인삼(수삼) 1.1kg • 찹쌀 1.5kg(9컵) • 고춧가루 750g(9$\frac{1}{3}$컵) • 메줏가루 450g(5$\frac{1}{2}$컵) • 엿기름가루 450g(4컵) • 소금 4$\frac{2}{3}$컵 • 물 적량

만드는 법

1. 찹쌀은 씻어 물에 충분히 불린 다음 가루로 빻는다.
2. 수삼은 물에 넣고 뭉근히 달인다.
3. 엿기름가루를 수삼 달인 물에 담가 주무른 다음 체에 걸러 엿기름물을 받아 둔다.
4. 찹쌀가루를 물로 반죽하여 동글납작하게 완자를 빚는다.
5. 냄비에 엿기름물을 끓이다가 찹쌀완자를 넣어 익으면 꺼내 넓은 그릇에 담고 뜨거운 엿기름물을 부어 가며 나무 주걱으로 덩어리가 없도록 젓는다.
6. 5가 어느 정도 식으면 고춧가루, 메줏가루, 소금을 넣고 잘 섞어 준다.
7. 항아리에 담고 면포로 덮어 햇볕을 쬐며 30일 이상 숙성시킨다.

정보제공자
이송자, 충청북도 음성군 소이면 후미리

청국장

재 료

콩 1.6kg(10컵) • 고춧가루 1컵 • 물 3L(15컵) • 소금 2컵 • 다진 마늘 적량

만드는 법

1. 콩을 씻어 솥에 넣고 물을 부은 후 센 불에서 끓이다가 약한 불에서 콩이 푹 무르도록 3시간 정도 삶는다.
2. 삶아진 콩의 물기를 제거하여 식히고 콩 삶은 물은 잘 보관한다.
3. 시루에 볏짚과 면포를 깔고 삶은 콩을 넣은 후 25~30℃의 온도에서 3~4일 정도 발효시킨다.
4. 3의 발효된 콩에 다진 마늘, 고춧가루, 소금을 넣어 버무려 으깬다.
5. 4와 콩 삶은 물을 넣어 고루 섞는다.

참고사항

• 7세기 신라의 신문왕이 왕비를 맞을 때 폐백 품목에 '시' 라는 이름의 청국장이 나오고, 또 고구려 유민이 세운 발해에 '책성시' 라는 청국장이 있었다고 문헌에 나온다. 원래 서울 이남의 음식으로 서울과 충청도에서 즐겨 먹는다. 청국장은 가을에서 이른 봄까지 일반 가정에서 많이 쓰이는 장으로 동지 전에 김장을 담그고 나서 만드는데, 햇콩을 삶아 띄워서 만든다.

• 청국장은 충청도에서는 '퉁퉁장' 으로 불리기도 한다.

정보제공자

박양례, 충청북도 청원군 가덕면 상대리
이재영, 충청북도 충주시 직동면

고문헌

증보산림경제(취국간장법 : 取淸醬法), 시의전서(청국장 : 淸麴醬), 부인필지(청국장), 조선무쌍신식요리제법(국간장 : 淸醬)

감식초

재료

홍시 50개

만드는 법

1. 홍시를 깨끗이 씻어 채반 위에 가지런히 담고, 항아리를 받침 그릇으로 놓는다.
2. 20~30일 정도 지나면 홍시에서 맑은 물이 흘러 떨어져 항아리에 고인다.
3. 맑은 물만 떠서 유리병에 담아 조금씩 사용한다.

참고사항

우리나라 감식초의 기원은 조선조 후기에 새로운 과실식초의 일종으로 추가되었다. 『산림경제』에서 보면 감식초의 제조방법이 기록되어 있다.

출처
충청북도 농촌진흥원, 충북의 향토음식, 1993

정보제공자
배순자, 충청북도 영동군 용산면 매금리

고문헌
산림경제(시초 : 枾醋), 증보산림경제(시초법 : 枾醋法), 조선무쌍신식요리제법(시초 : 枾醋)

도토리떡

방법 1

재 료

도토리가루 200g(1½컵) • 멥쌀 540g(5컵) • 소금 1큰술 • 팥 400g(2컵)

만드는 법

1. 멥쌀은 깨끗이 씻어 10시간 정도 충분히 불린 후 가루로 빻는다.
2. 팥은 물을 충분히 붓고 삶아 소금을 넣고 찧어서 팥고물을 만든다.
3. 도토리가루와 쌀가루, 소금을 잘 섞어 체에 곱게 내린다.
4. 시루의 밑에 면포를 깐 다음 팥고물을 깔고 쌀가루와 팥고물을 켜켜이 안친 뒤 20분 정도 찐다.

출 처
정락신, 충청북도 청주시 상당구 용암동

방법 2

재 료

도토리가루 450g(3컵) • 찰수수 500g(5컵) • 소금 · 설탕 약간

고물 팥 650g(3컵) • 강낭콩 600g(3컵) • 풋고추 적량 • 소금 2작은술

만드는 법

1. 찰수수를 깨끗이 닦아 붉은 물이 빠질 때까지 수시로 물을 갈아 주며 불린다.
2. 불린 찰수수를 곱게 빻아 체에 내린다.
3. 콩과 팥은 깨끗이 씻어 소금을 넣고 삶은 후 으깨어 고물을 만든다.
4. 도토리가루와 찰수숫가루를 합친 것에 소금과 설탕을 넣어 섞는다.
5. 시루에 시루밑을 깐 다음 3의 고물을 깔고 4의 가루를 3cm 두께로 안친 뒤 그 위에 어슷썬 풋고추를 얹는다. 같은 방법으로 켜켜이 안쳐 찐다.

참고사항

도토리가루와 수숫가루를 섞은 떡가루에 콩과 팥을 삶아 섞어 만든 고물을 켜켜이 얹어 가며 시루에 안쳐 찌는 떡이다. 이 떡은 충청도 산간 지방에서 많이 만들어 먹는데, 도토리를 따다가 앙금을 가라앉혀 앙금은 도토리묵을 만들고 남은 무거리로 도토리떡을 만든다.

출 처
문화공보부 문화재관리국, 한국민속종합조사보고서(향토음식 편), 1984
한국문화재보호재단, 한국음식대관 제3권, 한림출판사, 2000
영동군농업기술센터 영동군생활개선회 향토음식연구회, 감고을 영동의 우리 맛 발자취, 2003

3

4

4

4

떡

칡개떡

재료

말린 칡(암칡) 300g • 멥쌀가루 300g(2컵) • 물 적량 • 소금 ½큰술

만드는 법

1. 말린 칡을 물에 담가 우려 낸 다음 체에 밭쳐 칡물을 받는다.
2. 멥쌀가루에 칡물 7큰술과 소금을 넣고 반죽한다.
3. 지름 5cm로 동글납작하게 반죽하여 찜통에 찐다.

참고사항

• 칡 전분을 모아 소금 간을 하고 말랑말랑하게 반죽하여 개떡을 찌기도 한다.
• 칡에는 암칡과 숫칡이 있는데, 암칡이 전분이 많이 나며 겉껍질이 얇다.

1

2

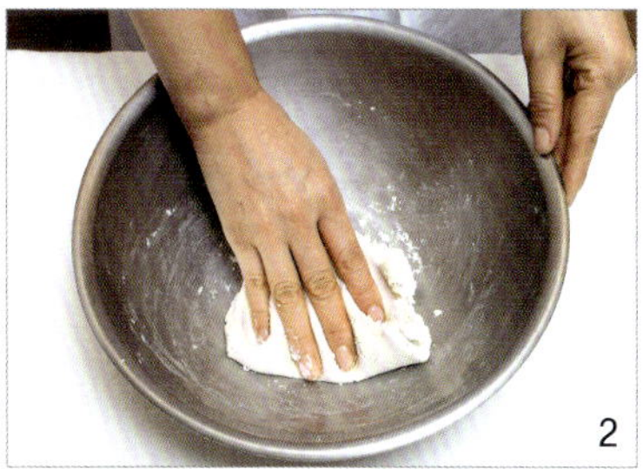

2

3

출 처
영동군농업기술센터 영동군생활개선회 향토음식연구회, 감고을 영동의 우리 맛 발자취, 2003

조리시연자
정락신, 충청북도 청주시 상당구 용암동

주식류 부식류 떡류 과정류 음청류 주류

떡

수수부꾸미

방법 1

재 료

수숫가루 200g(2¼컵) • 반죽물 100mL(½컵) • 설탕 약간 • 식용유 3큰술

팥소 팥 110g(½컵) • 설탕 ½컵

만드는 법

1. 수숫가루에 뜨거운 물을 부어 익반죽한다.
2. 팥은 삶아 고운체에 내려 팥 앙금을 만든 후 설탕을 넣고 조려서 소를 만든다.
3. 1의 반죽을 동글납작하게 빚어 팬에 식용유를 두르고 지지면서 팥소를 밤톨 크기로 가름하게 뭉쳐서 가운데 놓은 후 반 접어 붙이고 뒤집어서 지진다.
4. 3의 수수부꾸미가 뜨거울 때 설탕을 뿌려 낸다.

참고사항

- 수수는 '촉서' 또는 '고량' 이라고 하며, 논농사가 적은 단양 지역의 잡곡 중에 가장 많이 재배되는 것으로 예부터 수수팥떡, 부꾸미, 경단을 많이 해먹었다.
- 수수로 음식을 해놓으면 여름에 일찍 쉬고, 식으면 굳어져 맛이 덜하므로 가루를 만들어 냉동실에 보관해 두었다가 사용하는 것이 좋다.

출 처

충청북도 농촌진흥원, 충북의 향토음식, 1993

정보제공자

지영남, 충청북도 괴산군 괴산읍 대사리

최종분, 충청북도 단양군 단양읍 별곡리

조리시연자

김란희, 충청북도 제천시 중앙동

방법 2 삼색부꾸미

재 료

수숫가루 600g(7컵) • 쑥갓 10g • 대추 10g(4개) • 쑥 · 치자 약간 • 반죽물 350mL(1¾컵) • 식용유 적량

팥소 팥 420g(2컵) • 설탕 ½컵 • 물 적량

만드는 법

1. 수숫가루는 3등분하여 ⅓은 쑥으로, ⅓은 치자로 물들이고, ⅓은 수숫가루 그대로 익반죽한다.
2. 팥은 무르게 삶아 으깨어 설탕을 넣고 조린 다음 둥글게 소를 만든다.
3. 1의 반죽을 동글납작하게 빚어 식용유를 두른 팬에 반죽을 놓고 한쪽이 익으면 소를 넣고 반으로 접어 초승달 모양을 만든 후 쑥갓과 대추를 이용해 꽃 모양을 낸다.

정보제공자
박명자, 충청북도 충주시 상모면 안보리

떡

수수벙거지

재료

찰수수 300g(3컵) • 검은콩 80g(½컵) • 소금 1½큰술 • 물 적량

만드는 법

1. 찰수수를 보리쌀 씻듯이 깨끗이 씻어 물에 불린다. 붉은 물이 빠질 때까지 수시로 물을 갈아 준다. 불린 수수는 소금을 넣고 곱게 빻아 가루로 만들어 익반죽한다.
2. 콩은 깨끗이 씻어 불린 후 소금을 넣고 삶아 둔다.
3. 찜솥에 면포를 깔고 삶은 콩을 한 켜 얹는다.
4. 1의 반죽을 벙거지처럼 빚어 3의 콩 위에 띄엄띄엄 놓고 20분가량 찐다. 그러면 콩이 벙거지 밑부분에 붙는다.
5. 4의 찐 떡을 콩이 붙어 있지 않은 쪽으로 뒤집어서 그 면에 콩을 붙여 한 번 더 찐다.

조리시연자
김란희, 충청북도 제천시 중앙동

떡

승검초편(당귀편)

재료

멥쌀 1kg(5½컵) • 승검초가루 4큰술 • 막걸리 200mL(1컵) • 꿀 5큰술 • 대추 70g(1컵) • 석이버섯채 ½컵 • 밤채 ½컵 • 소금 1큰술

설탕물 설탕 ½컵 • 물 400mL(2컵)

만드는 법

1. 멥쌀은 물에 담가 충분히 불린 다음 소금을 약간 넣고 곱게 빻아 가루를 낸다.
2. 대추는 씨를 제거하여 살을 발라 0.2cm 두께로 곱게 채 썰고, 여분의 대추와 씨는 물을 붓고 오랫동안 끓여 고를 만든다.
3. 멥쌀가루에 승검초가루, 막걸리, 설탕물, 꿀을 넣고 손으로 비비면서 고루 섞어 체에 내린다.
4. 시루에 3을 편평하게 깔고 대추채와 밤채, 석이버섯채 고명을 얹어 가며 켜켜이 안친 다음 밀가루로 시루번을 발라 김이 오른 후 20분간 쪄내고 5분 정도 뜸을 들인다.

조리시연자
김란희, 충청북도 제천시 중앙동1가

고문헌
시의전서(승검초편)

떡

호박고지떡

재료

멥쌀 1kg(6⅔컵) • 호박고지 500g • 거피팥 4컵 • 소금 3큰술 • 설탕 1컵

만드는 법

1. 멥쌀을 깨끗이 씻어 8시간 정도 물에 불린 다음 소금을 넣고 빻아 체에 내린다. 설탕물을 끓여 식힌 다음 멥쌀가루에 섞어 손으로 비빈 다음 다시 체에 내린다.
2. 거피팥은 삶다가 거의 익으면 물을 따라 내고 뜸을 들인 후 소금을 넣고 찧어 팥고물을 만든다.
3. 호박고지를 물에 불려 적당한 크기로 썰고 소금과 설탕에 버무린 다음 멥쌀가루와 섞는다.
4. 시루에 면포를 깔고 팥고물을 고루 편 후 호박고지를 섞은 멥쌀가루를 안치고, 다시 팥고물을 얹는 것을 반복하여 찜통에 넣고 쪄 낸다.

참고사항

- 멥쌀가루에 호박고지를 섞어 찐 떡으로, '호박떡' 이라고 부르기도 한다. 이 떡에는 찰진 맛을 내기 위해 멥쌀에 찹쌀을 약간 섞기도 하고, 또 검은콩 대신 청대콩을 넣고 밤, 대추 등을 섞어 '호박시루떡' 을 만들기도 한다. 특히 이 떡은 호박의 단맛이 좋아 겨울철의 별미이다.
- 전통 병과류 중에서 다른 떡류에 비해 특별한 맛을 주는 호박떡, 물호박떡, 호박찰떡, 호박시루떡 등은 『음식방문』, 『시의전서』, 『조선요리제법』, 『시의방』 등에 나온다.

정보제공자
김정숙, 충청북도 청원군 강외면 동평2리
조성학, 충청북도 제천시 장락면

떡

호박송편

재 료

늙은 호박 4kg • 멥쌀가루 300g(2컵) • 물 100mL(½컵) • 참기름 적량 • 소금 약간

송편소 밤 80g(5개) • 참깨 1큰술 • 꿀 1작은술 • 소금 약간

만드는 법

1. 늙은 호박은 껍질을 벗기고 속과 씨를 제거한 다음 얇게 썰어서 햇볕이나 건조기에 말린 후 분쇄기에 갈아 호박가루를 만든다.
2. 밤은 껍질을 벗겨 푹 삶아 뜨거울 때 으깨고, 볶은 참깨에 소금을 약간 넣고 꿀로 버무려 송편소를 만든다.
3. 호박가루와 멥쌀가루를 1 : 2 비율로 섞어서 익반죽하여 반죽을 조금씩 떼어 2의 송편소를 넣고 예쁘게 송편을 빚는다.
4. 찜통에 솔잎을 깔고 송편을 켜켜이 얹어 찐 다음 참기름과 소금을 바른다.

참고사항

호박가루는 쌀가루나 밀가루와 혼합해서 호박죽, 호박전, 호박떡 등에 다양하게 이용할 수 있다. 호박송편은 색깔이 곱고 단맛이 나며, 쌀로만 빚은 송편보다 덜 굳어 쫄깃한 맛을 느낄 수 있다.

정보제공자
윤인숙, 충청북도 청원군 남일면 가산1리

감떡개(감또개떡)

방법 1

재 료

감 600g(4개) • 멥쌀가루 1kg(6⅔컵) • 소금 1큰술

만드는 법

1. 멥쌀가루에 소금을 넣어 체에 내린다.
2. 감은 얇게 썰어 채반에 널어 햇볕에 잘 말린다.
3. 말린 감고지는 깨끗이 씻어 물기를 빼 놓는다.
4. 시루 밑에 면포를 깔고 그 위에 감고지를 가지런히 놓은 다음 멥쌀가루를 올려 20분 정도 찐다.

방법 2

재 료

덜 말린 감고지 200g • 멥쌀가루 800g(5⅓컵) • 설탕 1컵 • 소금 약간

만드는 법

1. 덜 말린 감고지를 적당한 길이로 썬다. 완전히 건조된 것은 불려서 사용한다.
2. 멥쌀가루에 소금을 넣고 체에 내린다.
3. 감고지, 멥쌀가루, 설탕을 고루 버무려 시루에 넣고 찐다.

참고사항

감은 얇게 썰어 꾸덕꾸덕하게 반건조시킨 것을 '감또개'라 부른다.

출 처
영동군농업기술센터 영동군생활개선회 향토음식연구회, 감고을 영동의 우리 맛 발자취, 2003

정보제공자
이점희, 충청북도 영동군 영동읍 설계리

떡

감자삼색송편

재료

감자 전분 · 쑥 · 치자 · 물 · 참기름 적량

팥소 팥 · 설탕 · 소금 적량

만드는 법

1. 감자 전분을 3등분하여 ⅓은 쑥과 물을 넣고, ⅓은 치자물을 섞고, 나머지 ⅓은 물로만 익반죽한다.
2. 팥은 불려 거피하여 푹 삶아 설탕, 소금을 넣어 팥소를 만든다.
3. 1의 반죽을 지름 5cm로 동글납작하게 빚어 팥소를 넣고 두 손으로 꼭꼭 눌러 송편을 빚는다.
4. 김이 오른 찜통에 젖은 면포를 깔고 송편을 넣어 찐 다음 뜨거울 때 참기름을 바른다.

정보제공자
박선재, 충청북도 단양군 영춘면 하2리

떡

도라지껍질떡

재료

멥쌀 360g(2컵) • 도라지 150g(8뿌리) • 물 적량 • 소금 1큰술

만드는 법

1. 멥쌀은 깨끗이 씻어 10시간 정도 불린 후 분량의 소금을 넣고 가루로 곱게 빻아 체에 내린다.
2. 도라지는 껍질을 벗겨 가늘게 찢고 뜨거운 물에 살짝 데쳐 자근자근 두드린 다음 찬물에 담가 쓴맛을 우려 낸다.
3. 도라지의 물기를 어느 정도 제거한 후 멥쌀가루와 버무려 시루에 넣고 김이 오른 뒤 20분간 찐다.

출 처
영동군농업기술센터 영동군생활개선회 향토음식연구회, 감고을 영동의 우리 맛 발자취, 2003

떡

도토리찰편

재 료

도토리가루 300g(2컵) • 찹쌀가루 1kg(10컵) • 밤 80g(½컵) • 대추 35g(½컵) • 잣 70g(½컵) • 소금 1작은술 • 설탕 ½컵

만드는 법

1. 밤은 겉껍질과 속껍질을 벗겨 4등분하고, 대추는 씨를 도려 낸 다음 손으로 찢어 놓고, 잣은 고깔을 뗀다.
2. 도토리가루와 찹쌀가루에 설탕을 넣고 고루 섞은 다음 밤과 대추, 잣을 섞는다.
3. 시루에 젖은 면포를 깔고, 2를 안쳐 한지로 뚜껑을 덮고, 시루번을 발라 김이 새지 않도록 찐 다음 10분 정도 뜸을 들인다.

참고사항

도토리가루를 도토리를 깨끗이 씻어 말린 다음 껍질째 분쇄기로 갈아 물을 붓고 주물러 전분을 빼내고 찌꺼기는 버린다. 계속 물을 갈아 주면서 떫은 맛을 우려 내고 가라앉은 앙금(전분)을 햇볕에 말려 도토리가루를 낸다.

정보제공자
김광자, 충청북도 옥천군 동이면 평산리

떡

막 편

재 료

멥쌀가루 1kg(6⅔컵) • 막걸리 · 설탕 · 거피팥고물 · 풋동부고물 적량

만드는 법

1. 멥쌀가루에 막걸리와 설탕을 섞어 체에 내린다.
2. 시루에 거피팥고물을 깐 다음 1의 가루를 2cm 두께로 깔고 다시 풋동부고물을 얹어 켜켜이 안쳐 찐다.

출 처
문화공보부 문화재관리국, 한국민속종합조사보고서(향토음식 편), 1984

떡

망개떡

재 료

망개잎 20장 • 멥쌀가루 300g(2컵) • 팥소 1컵 • 물 약간 • 소금 2큰술

만드는 법

1. 멥쌀가루에 물을 넣어 버무려 찜솥에 찐 다음 절구에 넣어 차지게 친다.
2. 친 떡을 동글납작하게 빚고 안에 팥소를 넣어 납작하게 모양을 만든다.
3. 망개잎은 깨끗이 씻어 물기를 제거한 후 떡 앞뒤에 망개잎을 붙인다.
4. 찜솥에 젖은 면포를 깔고 망개잎으로 싼 떡을 넣고 찐다.

출 처
영동군농업기술센터 영동군생활개선회 향토음식연구회, 감고을 영동의 우리 맛 발자취, 2003

떡

밀기울떡

재 료

밀기울 800g • 콩 160g(1컵) • 팥 210g(1컵) • 물 적량 • 소금 약간

만드는 법

1. 콩, 팥을 깨끗이 씻어서 푹 삶는다.
2. 밀기울은 소금을 약간 넣고 물에 버무려 놓았다가 1의 삶은 콩과 팥을 넣고 잘 섞어 시루에 찐다.

참고사항

통밀을 그대로 맷돌에 갈아 만든 떡이다. 예전에는 가난한 사람들의 식사대용이었으나, 지금은 별미로 해먹는 향수어린 떡 중의 하나이다.

정보제공자
홍순주, 충청북도 청주시 흥덕구 평동리

떡

볍씨쑥버무리떡

재 료

멥쌀가루 1kg(6⅔컵) • 어린 쑥 300g

만드는 법

1. 어린 쑥은 깨끗이 씻어 물기를 제거한 후 멥쌀가루에 버무린다.
2. 시루에 면포를 깔고 쌀가루와 버무린 쑥을 넣고 그 위에 젖은 면포를 덮는다.
3. 김이 오르기 시작하면 20분 정도 찐다.

출 처
영동군농업기술센터 영동군생활개선회 향토음식연구회, 감고을 영동의 우리 맛 발자취, 2003

떡

수리취인절미

재 료

수리취 100g • 찹쌀가루 300g(3컵) • 콩가루 90g(1컵) • 거피팥가루 130g(1컵) • 흑임자 110g(1컵) • 물 약간

만드는 법

1. 수리취는 끓는 물에 푹 삶아 잘게 다져 놓고, 찹쌀가루는 물을 약간 넣어 버무려 찐다.
2. 절구에 수리취와 1의 찐 떡을 넣고 치댄다.
3. 도마에 2를 놓고 편평하게 모양을 만들어 적당한 크기로 썬 다음 콩가루, 거피팥가루, 흑임자에 각각 묻힌다.

정보제공자
영동군농업기술센터 영동군생활개선회 향토음식연구회, 감고을 영동의 우리 맛 발자취, 2003

떡

약편(대추편)

재 료

멥쌀가루 1kg(6⅔컵) • 밤(깐 것) 80g(5개) • 대추 50g(20개) • 석이버섯 10g(10개) • 설탕 · 막걸리 · 물 적량

만드는 법

1. 대추를 약한 불에서 푹 무르게 삶아 체에 거른 다음 멥쌀가루에 넣고 고루 비빈다.
2. 1에 막걸리와 설탕을 넣고 물을 뿌려 보슬보슬하게 섞는다.
3. 밤과 대추는 0.2cm 굵기로 곱게 채 썰고, 석이버섯은 따뜻한 물에 불려 깨끗이 손질하여 곱게 채 썬다.
4. 시루에 쌀가루를 안치고 밤채, 대추채, 석이버섯채를 고물로 뿌려 30~40분 정도 찐다.

출 처
문화공보부 문화재관리국, 한국민속종합조사보고서(향토음식 편), 1984

떡

옥수수칡잎떡

재 료

옥수수 알갱이 1kg(7컵) • 칡잎 20장 • 강낭콩 300g(1½컵) • 소금 약간

만드는 법

1. 옥수수 알갱이를 깨끗이 씻어 물기를 빼고 분쇄기로 갈아 놓고, 칡잎은 씻어 물기를 뺀다.
2. 1의 옥수수가루에 소금 간을 하고 강낭콩을 넣어 섞은 다음 한 숟가락씩 칡잎에 싸서 찜통에 20분간 찐다.

참고사항

여름철 칡잎을 사용하여 입맛을 돋우어 준다. 옥수수가루는 떡이 잘 굳지 않게 하기 때문에 떡에 많이 넣어 먹었다고 한다.

정보제공자
박미숙, 충청북도 제천시 청천동

장떡

재 료

찹쌀가루 200g(2컵) • 물 70mL(1/3컵) • 식용유 적량

양념장 간장 1큰술 • 고춧가루 1큰술 • 채 썬 파 2큰술 • 깨소금 1큰술 • 후춧가루 약간

만드는 법

1. 분량의 재료를 넣고 양념장을 만든다.
2. 끓는 물로 찹쌀가루를 익반죽하면서 양념장으로 간을 맞춘다.
3. 2의 반죽을 지름 5cm 크기로 동글납작하게 빚어서 팬에 식용유를 두르고 지져 낸다.

참고사항

햇된장에 찹쌀가루, 쇠고기 등을 넣고 버무려 동글납작하게 빚어서 말린 다음 찌거나 지진 떡이다. 장떡은 찹쌀가루에 버섯과 파를 다져 넣고 깨소금, 후춧가루, 간장으로 양념한 다음 반죽하여 식용유에 지지기도 한다. 이 떡은 흔히 '장땡이' 라고도 부르던 것으로, 예전에는 여행할 때 가지고 다니는 행찬(行饌)으로 많이 쓰였다.

출 처

문화공보부 문화재관리국, 한국민속종합조사보고서(향토음식 편), 1984

정보제공자

김정숙, 충청북도 보은군 보은면

칡부꾸미

재료

칡 전분 250g(1⅔컵) • 찹쌀가루 500g(5컵) • 물 200mL(1컵) • 대추 25g(10개) • 쑥갓 30g • 소금 1작은술 • 식용유 적량

밤소 밤 160g(10개) • 꿀 · 계핏가루 적량

만드는 법

1. 밤은 푹 삶은 후 껍질을 벗겨서 뜨거울 때 곱게 으깨어 꿀과 계핏가루를 섞은 다음 나무주걱으로 끈기 있게 치대어 소를 만든다.
2. 대추는 씨를 제거하고 손으로 콩알만하게 찢어 놓는다.
3. 쑥갓은 물에 잠깐 담갔다가 물기를 빼 놓는다.
4. 칡 전분과 찹쌀가루를 1 : 2 비율로 섞어 고운체에 내려 소금을 넣고 뜨거운 물로 익반죽한다.
5. 칡 반죽을 지름 6cm 크기로 동글납작하게 빚어 달군 팬에 식용유를 두르고 숟가락으로 납작하게 눌러 가며 지진다.
6. 반죽이 말갛게 되면 뒤집어서 밤소를 가운데 얹고 반으로 접어 노릇하게 지지고 다시 뒤집어서 대추 한 조각과 쑥갓잎을 놓고 눌러 붙인다.

참고사항

부꾸미는 비교적 후대에 만들어진 떡으로, 1943년도의 문헌인 『조선무쌍신식요리제법』에 '북꾀미' 란 이름으로 처음 등장하였다. 그러다가 1958년도의 문헌인 『우리나라 음식 만드는 법』에 비로소 '부꾸미' 라는 이름으로 표기되고 있다. 칡부꾸미는 칡의 단맛과 쓴맛, 독특한 향을 함께 느낄 수 있는 산간 지방의 토속성이 깃든 떡이다.

정보제공자
김숙자, 충청북도 제천시 봉양면 옥전리

칡송편

재 료

칡 전분 300g(2컵) • 풋콩 100g • 반죽물 적량 • 소금 1작은술 • 설탕 5큰술 • 솔잎 약간

만드는 법

1. 풋콩은 물에 불린 다음 물기를 뺀다.
2. 칡 전분에 약간의 소금을 넣고 뜨거운 물로 익반죽한 다음 불린 풋콩을 넣고 송편을 빚는다.
5. 찜통에 솔잎을 깔고 빚은 송편을 넣어 20분간 쪄 낸 다음 솔잎을 제거하고 참기름을 바른다.

참고사항

- 칡은 전국 각지에 자생하는 식물로, 단맛과 전분이 많아 예로부터 흉년에 대용식량, 구황식품으로 이용해 왔다.
- 칡 생즙으로 송편 반죽을 하기도 한다.
- 칡 전분을 만드는 방법은 다음과 같다. 칡은 깨끗이 씻어 분쇄하여 미지근한 물에 담가 주물러서 칡 전분을 우려 낸 다음 물에 가라앉은 앙금을 햇볕에 말린다.

정보제공자
유남순, 충청북도 제천시 청풍면 대류리

떡

해장떡

재 료

찹쌀 1kg(6컵) • 팥고물 500g(4⅓컵)

만드는 법

1. 찹쌀을 깨끗이 씻어 6시간 이상 충분히 불려 시루에 찐 다음 절구에 넣고 차지게 친다.
2. 1의 떡을 손바닥만하게 큼직하게 빚어 팥고물을 묻힌다.

참고사항

해장떡은 충북 중원군(현재는 충주시로 통합됨)의 강변마을에서 큰 나룻배가 왕래할 때 뱃사람들이 먹던 명물이다. 해장떡은 손바닥만한 큰 인절미로 붉은 팥고물을 두둑하게 묻혀 뼈가 든 술국을 먹을 때 함께 먹으면 속이 든든하다고 한다.

출 처
문화공보부 문화재관리국, 한국민속종합조사보고서(향토음식 편), 1984

떡

햇보리떡

재 료

햇보리(풋보리) 1kg • 물 · 간장 · 다진 파 · 참기름 적량

만드는 법

1. 풋보리는 방아에 찧어 볶는다. 볶은 것을 켜로 여러 번 까불어 체에 내려 고운 가루를 낸다.
2. 1의 가루에 간장, 다진 파, 참기름, 물을 넣고 반죽하여 잘 치댄다.
3. 2의 반죽을 동글납작하게 만들어 찜통에 쪄 낸다.

참고사항

밀과 보리이삭이 막 여물어 물기가 흐르지 않을 때의 것으로 만드는 계절의 별식이다. 햇보리떡은 오월 단오 제례 때 쓰인다.

출 처
문화공보부 문화재관리국, 한국민속종합조사보고서(향토음식 편), 1984

호박고지찰시루떡

재 료

찹쌀가루 1kg(10컵) • 호박고지 200g • 녹두고물 4컵 • 설탕 1컵

만드는 법

1. 호박고지를 적당한 길이로 썰어 물에 30분 정도 불린다.
2. 찹쌀가루에 설탕과 호박고지를 넣고 버무린다.
3. 시루밑에 녹두고물을 깔고 2를 편평하게 깐 뒤 그 위에 녹두고물을 얹어 찐다.

❁ 참고사항

시루떡은 떡 중에서 가장 먼저 만들어진 떡의 기본형으로 곡물을 가루로 만들어 시루에 안쳐 증기로 쪄내는 설기떡과 켜떡이 있다. 각 절기마다 제철에 나는 산물들을 넣어서 만든 별미떡도 있다. 봄에는 쑥떡 · 느티떡, 여름에는 수리치떡 · 상추떡, 가을에는 물호박떡 · 무떡, 겨울에는 호박고지떡과 대추 · 밤 · 곶감 등을 쌀가루에 섞어서 잡과병을 만든다.

출 처
최명숙, 충청북도 괴산군 연풍면 행촌리

떡

호박부꾸미

재 료

찹쌀가루 300g(3컵) • 늙은 호박가루 200g • 반죽물 100mL(½컵) • 계핏가루 · 설탕 · 대추 · 쑥갓 · 식용유 적량

밤소 밤 50g(3개) • 통깨 ½큰술 • 꿀 ½작은술 • 소금 약간

팥소 팥 210g(1컵) • 설탕 ¼컵

만드는 법

1. 밤은 푹 삶은 후 껍질을 벗겨 뜨거울 때 곱게 으깨어 꿀과 계핏가루를 섞고 나무주걱으로 끈기 있게 치대어 고물을 만든다.
2. 팥은 무르게 삶아 으깬 다음 설탕을 넣고 졸여서 소를 만든다.
3. 대추는 솔로 깨끗이 씻어 씨를 제거하고 돌돌 말아 얇게 썬다.
4. 쑥갓은 잎으로만 물에 담갔다 건져 내고 물기를 빼 둔다.
5. 늙은 호박은 껍질을 벗기고 가늘게 오가리를 만들어 햇볕에 바짝 말렸다가 가루로 빻아 둔다.
6. 호박가루와 찹쌀가루를 섞어 고운체에 내린 다음 물을 넣고 되직하게 반죽한다.
7. 반죽을 지름 6cm 크기로 동글납작하게 빚어 달구어진 팬에 식용유를 두르고 지진다.
8. 반죽이 말갛게 되면 뒤집어서 밤소와 팥소를 넣고 각각 반으로 접어 노릇하게 지지고 다시 뒤집어서 대추와 쑥갓 잎을 놓고 눌러 붙인다.

정보제공자
김정숙, 충청북도 청원군 강외면 동평리

정과

감자정과

재료

감자 1kg(7개) • 설탕 500g($2\frac{1}{3}$컵) • 물엿 500g($1\frac{3}{4}$컵)

만드는 법

1. 감자는 껍질을 벗기고 푹 쪄서 적당한 크기로 썰어 햇볕에 말린다.
2. 감자정과를 만들기 전에 말린 감자를 삶아 말랑말랑하게 한다.
3. 냄비에 물엿과 설탕을 1 : 1 비율로 넣어 젓지 말고 설탕이 다 녹을 때까지 그대로 불에 올려 놓는다.
4. 3이 끓으면 2의 감자를 넣어 끓였다 식히기를 3번 정도 반복한다.

참고사항

- 정과는 정약용의 『아언각비』에서 '꿀에 조린다' 라고 한 것처럼 흔히 꿀에 졸이는 것으로 알려져 있으며, 『규합총서』(1815년)에 꿀에 졸이는 방법과 꿀에 재워서 오래 두었다 쓰는 방법이 나와 있다. 정과를 졸일 때는 대부분 꿀을 사용하였으나, 『음식법』(1854년)에는 처음으로 설탕에 졸인 감자정과가 소개되어 있다.
- 정과 즙청액에 치자, 포도, 시금치 등 천연색소를 첨가하면 아름답고 투명한 색을 나타내어 음식을 화려하게 장식한다. 감자정과는 감자의 부드러움과 쫄깃한 맛이 특이하다.

조리시연자
지영남, 충청북도 괴산군 괴산읍 대사리

고문헌
규합총서(감자정과), 음식법(감자정과), 시의전서(감자정과 : 柑子正果), 조선무쌍신식요리제법(감자정과 : 柑子正果)

정 과

고구마정과

재 료

고구마 1kg(4개) • 설탕 500g(2⅓컵) • 물엿 500g(1¾컵)

만드는 법

1. 고구마는 껍질을 벗기고 푹 찐 다음 알맞은 크기로 썰어 햇볕에 잘 말린다.
2. 고구마정과를 만들기 전에 말린 고구마를 삶아 말랑말랑하게 한다.
3. 냄비에 물엿과 설탕을 1 : 1 비율로 넣어 젓지 말고 설탕이 다 녹을 때까지 그대로 불에 올려 놓는다.
4. 3이 끓으면 2의 고구마를 넣어 끓였다 식히기를 3번 정도 반복한다.

조리시연자
지영남, 충청북도 괴산군 괴산읍 대사리

정과

무정과

재료

무 1kg(1개) • 설탕 500g(2⅓컵) • 물엿 500g(1¾컵)

만드는 법

1. 무는 껍질을 벗겨 마름모 모양으로 썰어 칼집을 '내 천(川)' 자로 넣는다.
2. 끓는 물에 무를 삶은 후 한쪽 끝을 가운데 칼집 속으로 넣어 꽈배기 모양을 낸다.
3. 냄비에 물엿과 설탕을 1 : 1 비율로 넣어 젓지 말고 설탕이 다 녹을 때까지 그대로 불에 올려 놓는다.
4. 3이 끓으면 2의 무를 넣어 끓였다 식히기를 3번 정도 반복한다.

정보제공자
이점희, 충청북도 영동군 영동읍 설계리

조리시연자
지영남, 충청북도 괴산군 괴산읍 대사리

정과

인삼정과

재료

인삼 1kg • 설탕 500g($2\frac{1}{3}$컵) • 물엿 500g($1\frac{3}{4}$컵)

만드는 법

1. 인삼은 껍질을 벗기고 푹 찐 다음 적당한 크기로 썰어 햇볕에 잘 말린다.
2. 말린 인삼을 삶아 말랑말랑하게 한다.
3. 냄비에 물엿과 설탕을 1 : 1 비율로 넣어 젓지 말고 설탕이 다 녹을 때까지 그대로 불에 올려 놓는다.
4. 3이 끓으면 2의 인삼을 넣어 끓였다 식히기를 3번 정도 반복한다.

조리시연자
지영남, 충청북도 괴산군 괴산읍 대사리

고문헌
시의전서(인삼(人蔘)정과), 조선요리제법(인삼정과)

정과

연근정과

재료

연근 1kg(5개) • 설탕 500g($2\frac{1}{3}$컵) • 물엿 500g($1\frac{3}{4}$컵)

만드는 법

1. 연근은 껍질을 벗기고 식초물에 담갔다가 삶아 말랑말랑하게 한다.
2. 냄비에 물엿과 설탕을 1 : 1 비율로 넣어 젓지 말고 설탕이 다 녹을 때까지 그대로 불에 올려 3이 끓으면 1의 연근을 넣어 끓였다 식히기를 3번 정도 반복한다.

정보제공자
지영남, 충청북도 괴산군 괴산읍 대사리

고문헌
산림경제(연근전과 : 蓮根煎果), 규합총서(연근정과), 음식법(연근정과), 시의전서(연근(蓮根)정과), 부인필지(연근정과), 조선요리제법(연근정과), 조선무쌍신식요리제법(연근정과 : 蓮根正果)

과 편

호박과편

재 료

늙은 호박 3kg(1개) • 한천 100g • 생강 20g(5쪽) • 물엿 2kg(7컵) • 설탕 1.2kg(8컵) • 물 적량

만드는 법

1. 늙은 호박은 껍질을 벗기고 씨를 제거하여 큼직하게 썰고, 생강은 껍질을 벗겨 잘게 썰어 물을 붓고 호박이 무르게 삶는다.
2. 삶은 호박을 체에 밭여 건더기와 물을 분리하여 건더기는 곱게 으깨거나 갈아 놓는다.
3. 호박물에 한천을 넣고 끓여 한천이 다 녹으면 호박 으깬 것과 물엿, 설탕을 넣고 중불에서 2시간 정도 천천히 곤다.
4. 걸쭉하게 고아지면 용기나 쟁반에 알맞은 두께로 부어 굳힌 다음 모양 있는 틀로 찍거나 썰어 낸다.

참고사항

과편은 신맛이 나는 과일을 삶아 거른 과즙에 설탕과 꿀을 넣어 조려 엉기게 한 뒤 네모지게 썰어 놓은 것이다.

조리시연자

허정숙, 충청북도 진천군 진천읍 교성리

유밀과

쌀약과

재 료

쌀가루 150g(1컵) • 밀가루 660g(6컵) • 막걸리 100mL(½컵) • 참기름 1컵 • 꿀(또는 갱엿물) 약간 • 잣 1큰술 • 생강즙 1큰술 • 식용유 적량

즙청액 설탕 1컵 • 물 200mL(1컵) • 조청 1큰술 • 계핏가루 1작은술 • 생강즙 1큰술

만드는 법

1. 쌀가루와 밀가루를 섞어 손으로 비벼 체에 내린 후 참기름을 넣고 반죽한다.
2. 1의 반죽에 꿀(또는 갱엿물), 생강즙, 막걸리를 넣고 끈기가 생기지 않도록 조심스럽게 반죽한다.
3. 밀대로 도톰하게 밀어 모양을 만든다.
4. 식용유의 온도가 150℃ 정도가 되면 서서히 갈색이 나도록 튀긴다.
5. 설탕과 물을 동량으로 넣어 한참 끓이다가 조청을 넣고 생강즙과 계핏가루를 넣어 즙청액을 만든다.
6. 튀긴 약과를 즙청액에 넣었다가 건져 낸 다음 잣을 얹거나 잣가루를 뿌린다.

참고사항

- 약과는 꿀과 참기름, 즙청액이 들어간 고급 과자로 약과판에서 찍어 낸 정교한 꽃 모양의 약과를 궁중약과라 부르며 한 입 크기의 사각 형태로 만든 약과는 개성모약과라 부른다. 궁중약과가 딱딱하고 진득하다면 개성약과는 바삭한 맛이 특징이다.
- 약과를 맛있게 하는 비결은 반죽을 너무 치대면 딱딱해지므로 가볍게 반죽해야 연하고, 천천히 튀겨야 약간씩 부풀면서 속까지 튀겨진다. 뜨거울 때 즙청액에 담가 꿀물이 들어가는 소리가 나야 맛있다.

출 처
충청북도 농촌진흥원, 충북의 향토음식, 1993

정보제공자
김춘자, 충청북도 충주시 교현2동

유밀과

인삼약과

재 료

밀가루 440g(4컵) • 인삼 적량 • 달걀 50g(1개) • 청주 1큰술 • 식용유 1큰술

설탕물 설탕 2큰술 • 물 2큰술

즙청액 갱엿(또는 물엿) 500g • 물 1L(5컵) • 생강즙 1큰술 • 계핏가루 ½큰술

만드는 법

1. 인삼은 깨끗이 씻어 햇볕에 바싹 말려 가루로 빻는다.
2. 인삼가루와 밀가루를 1 : 4의 비율로 섞어 체에 내린 후 달걀노른자, 청주, 식용유를 넣고 손바닥으로 비벼 다시 체에 내린다.
3. 설탕과 물을 동량으로 섞은 설탕물을 반으로 졸여 2의 가루에 넣고 눅진하게 반죽한다.
4. 반죽을 0.3cm 두께로 밀어 사각형으로 썰고 네 귀에 칼집을 내어 모양을 만든다.
5. 150°C 정도의 식용유에 4를 넣고 서서히 색이 나도록 튀긴다.
6. 끓인 즙청액에 튀긴 약과를 넣었다가 건져 낸다.

참고사항

- 음성 지방은 인삼 재배를 많이 하므로 약과에 향긋한 인삼가루를 넣고 인삼약과를 만들어 서늘한 곳에 두고 먹었다.
- 수삼을 갈아서 약과 반죽에 넣기도 한다.

정보제공자
이송자, 충청북도 음성군 소이면 후미1리

유밀과

호박약과

재 료

밀가루 1kg • 늙은 호박 200g • 달걀 150g(3개) • 생강즙 200g(1컵) • 참기름 ½컵 • 설탕 ⅓컵 • 물엿 ½컵 • 청주 1½큰술 • 계핏가루 1작은술 • 후춧가루 1작은술 • 식용유 적량 • 꿀 · 잣 · 대추 약간

만드는 법

1. 늙은 호박은 씨를 제거한 다음 껍질을 벗기고 강판에 갈아 즙을 낸다. 잣은 고깔을 떼고 칼로 반 갈라 놓고, 대추는 씨를 도려 내고 돌돌 말아 얇게 썬다.
2. 밀가루와 호박즙, 생강즙, 참기름, 달갈노른자를 혼합하여 손으로 비비면서 고루 섞어 체에 내린다.
3. 물엿, 설탕, 생강즙을 3 : 2 : 6의 비율로 섞어 끓기 직전까지 끓여서 반죽물을 만들고 분량의 반은 2의 밀가루와 섞어 눅진하게 반죽한다.
4. 반죽을 떼어 약과 틀에 박아 모양을 내어 160~170℃의 식용유에 갈색이 나게 튀겨 낸다. 이때 자꾸 저으면 약과가 부서지므로 익어 올라올 때까지 그대로 두었다가 한 번만 뒤집어 튀긴다.
5. 남은 반죽물에 꿀을 넣고 끓기 직전까지 끓여 즙청액을 만들고 튀겨 낸 약과를 뜨거울 때 즙청액에 1분간 담갔다 꺼낸다.
6. 잣과 채 썬 대추로 장식한다.

정보제공자
김애영, 충청북도 청원군 내수읍 내수리

다 식

약초다식

재 료

쌀 360g(2컵) • 소금 2큰술 • 약초가루 10컵(구기자, 황귀, 칡, 용안육, 백복령)

설탕물 설탕 2큰술 • 물 150mL(⅔컵) • 꿀 약간

만드는 법

1. 쌀을 깨끗이 씻어 물에 담가 10시간 이상 불린 다음 건져 소금을 넣고 곱게 빻는다.
2. 쌀가루에 설탕물을 넣고 손바닥으로 비벼 체에 내리고 김이 오르는 시루에 안쳐 푹 찐다.
3. 쪄 낸 떡을 말려서 분쇄하여 고운체에 내린 다음 각각의 약초가루와 섞어서 꿀을 넣고 눅진하게 반죽하여 조금씩 떼어 다식판에 꼭꼭 눌러 박는다.

참고사항

- 약초다식은 쌀가루에 여러 가지 약초가루를 섞어 꿀로 반죽하여 여러 가지 문양의 틀에 찍어 내는데 약초의 독특한 향과 쌀의 구수한 맛, 꿀의 단맛이 잘 조화된 전통음식으로 모양과 색깔이 고급스러워 각종 의례상에 이용된다고 한다.
- 각종 약초를 깨끗이 씻어 햇볕에 말린 후 분쇄기에 갈아 고운체에 내린다.

정보제공자
박옥순, 충청북도 제천시 봉양면 옥전리

정과

도라지정과

재료

도라지 1kg(50뿌리) • 설탕 500g(2⅓컵) • 물엿 500g(1¾컵)

만드는 법

1. 도라지는 껍질을 벗기고 데쳐서 물기를 뺀다.
2. 냄비에 물엿과 설탕을 1 : 1의 비율로 넣어 젓지 말고 설탕이 다 녹을 때까지 그대로 불에 올려 놓는다.
3. 3이 끓으면 2의 도라지를 넣어 끓였다 식히기를 3번 정도 반복한다.

참고사항

도라지는 예로부터 식용으로 많이 사용해 온 까닭에 도라지 조리법은 우리나라가 세계 제일이라고 할 수 있다. 특히 도라지정과는 충북 제천 지역에서 많이 하는 음식이라고 한다.

정보제공자

박순길, 충청북도 제천시 청전동
지영남, 충청북도 괴산군 괴산읍 대사리

고문헌

산림경제(전길경 : 煎桔梗), 증보산림경제(길경전법 : 桔梗煎法), 음식법(도라지정과), 시의전서(길경(吉梗)정과)

과 편

오미자편

재 료

오미자(말린 것) 40g(1컵) • 한천 15g • 설탕 2컵 • 물 적량

만드는 법

1. 오미자는 깨끗이 씻어 끓여 식힌 물에 담가 색을 우려 낸 후 설탕을 넣어 녹인다.
2. 한천에 물을 조금 붓고 중불에서 서서히 끓이면서 완전히 녹인다.
3. 한천 녹인 물에 1의 오미자물을 넣어 잘 섞어 준다.
4. 편평한 틀에 4를 붓고 굳힌다.
5. 여러 가지 모양 틀로 찍어 내거나 썰어 준다.

출 처

영동군농업기술센터, 영동군생활개선회 향토음식연구회, 감고을 영동의 우리 맛 발자취, 2003

고문헌

음식법(오미자편), 시의전서(들쭉편)

당(엿)

무릇곰

방법 1

재료

무릇 10컵 • 둥굴레뿌리 12컵 • 참쑥 500g • 쌀뜨물 1L(5컵) • 설탕 3컵 • 물 적량

만드는 법

1. 무릇은 햇볕에 5일 정도 말려 키로 까불러 껍질을 벗긴 후 물을 붓고 24시간 정도 약한 불에서 곤다.
2. 무릇이 푹 무르면 삶아 놓은 참쑥과 둥굴레뿌리를 넣어 24시간 정도 같이 끓인다.
3. 밑이 눌러 붙지 않도록 저어 주고 쌀뜨물을 2~3번 나누어 부은 후 설탕을 넣는다.
4. 오래도록 은근한 불에서 졸인 후 손으로 만졌을 때 물이 약간 묻어 나올 정도면 완성된 것으로 본다.

방법 2

재료

무릇 1kg • 연한 구절초 100g • 어린 쑥 100g • 생강 20g • 물 적량

만드는 법

1. 재료를 모두 섞어서 솥에 넣고 물을 넉넉하게 부어 약한 불에서 된 죽이 될 때까지 한동안 곤다.

참고사항

- 원삼면 좌항리를 중심으로 만들어 먹던 토속음식이다.
- 무르지 않는 줄기는 골라 내고 숟가락으로 떠 먹는다. 관절염에 좋다고 하며 달큰하고 맛이 좋다.

출처
문화공보부 문화재관리국, 한국민속종합조사보고서(향토음식 편), 1984

정보제공자
오인수, 충청북도 진천군 초평면 영구리

당(엿)

무엿

재 료

무 850g(1개) • 쌀 2kg • 엿기름가루 120g(1컵) • 물 적량

만드는 법

1. 쌀은 물에 10시간 이상 불려 분쇄기에 갈아 둔다.
2. 엿기름가루에 따뜻한 물을 부어 1시간 정도 둔 후 으깨면서 체에 걸러 앙금을 가라앉혀 엿기름을 준비한다.
3. 갈아 놓은 쌀에 물을 붓고 죽을 끓이다가 2의 엿기름물을 부어 삭힌 다음 체에 밭친다.

참고사항

무엿은 갱엿이 아니고 숟가락으로 떠먹는 엿이다.

출 처
문화공보부 문화재관리국, 한국민속종합조사보고서(향토음식 편), 1984

당(엿)

칡조청

재 료

칡 400g • 늙은 호박 1.5kg(½개) • 엿기름가루 700g(6컵) • 물 적량

만드는 법

1. 칡은 찧어서 생즙을 내고, 늙은 호박은 껍질을 벗기고 두께 5cm 정도의 크기로 썬다.
2. 엿기름가루에 따뜻한 물을 부어 1시간 정도 둔 후 으깨면서 체에 걸러 앙금을 가라앉혀 엿기름물을 준비한다.
3. 칡즙에 엿기름물, 썬 호박을 넣고 흐물흐물하게 무를 때까지 푹 곤다.
4. 3을 체에 밭쳐 걸러서 걸쭉해질 때까지 조린다.

출 처
농촌진흥청 농촌영양개선연수원(현 농촌자원개발연구소), 한국의 향토음식, 1994

기타

모과구이

재료

모과 3kg(5개) • 물 약간

만드는 법

1. 진흙을 개서 모과 겉에 배보다 큰 모양으로 단단히 옷을 입히듯 바른다.
2. 한지에 물을 적셔서 1을 꼭 싸맨다. 이것을 아궁이에 묻어 놓고 오래 불을 땐 후 끄집어 내어 한지와 흙을 말끔히 벗기고 속을 파서 먹는다.

출처
문화공보부 문화재관리국, 한국민속종합조사보고서(향토음식 편), 1984

기타

섭산삼

재료

인삼 3뿌리 • 찹쌀가루 100g(1컵) • 설탕 ½컵 • 식용유 적량 • 소금 약간

만드는 법

1. 인삼은 깨끗이 씻어 편으로 썬다(0.2~0.3cm).
2. 1의 인삼을 소금에 살짝 절였다가 찹쌀가루에 굴려 식용유에 튀긴 다음 설탕을 뿌린다.

정보제공자
김홍련, 충청북도 괴산군 생극면 신양리

고문헌
음식디미방(섭산삼)

대추곰(대추고음)

재 료

대추 70g(1컵) • 찹쌀가루 50g(½컵) • 호두(깐 것) 10g(2개) • 잣 1g(5개) • 설탕 2큰술 • 소금 1큰술 • 물 적량

만드는 법

1. 대추는 깨끗이 씻어 물기를 닦고 씨를 제거한 후 냄비에 대추가 잠길 정도로 물을 부어 푹 삶아 체에 거른다(건더기를 주걱으로 문질러가며 내린다).
2. 호두는 따뜻한 물에 담갔다가 속껍질을 벗겨 낸 다음 팬에 식용유를 두르고 바삭하게 볶아 굵게 다진다(사방 0.2cm).
3. 찹쌀가루에 물을 붓고 묽게 갠다.
4. 1의 대추 거른 물을 끓인 다음 3을 넣으면서 나무주걱으로 저어 가며 걸쭉하게 끓인다.
5. 먹기 직전에 소금과 설탕으로 간을 하고 다진 호두와 잣을 고명으로 얹어 낸다.

출 처
충청북도 농촌진흥원, 충북의 향토음식, 1993

조리시연자
김남순, 충청북도 보은군 마로면 관기리

음청

감잎차

재료

감잎(말려서 썰어 놓은 것) 3g • 꿀 적량

만드는 법

1. 물을 끓여 80°C 정도로 식힌 다음 말려 놓은 감잎을 넣어 2~3분간 우려 낸 뒤 마신다.

참고사항

감잎은 싱싱하고 어린 것으로 5~6월경에 채취하여 깨끗이 씻어 김이 오른 찜통에 순간적으로 쪄낸다. 찐 감잎은 차곡차곡 쌓아 0.3cm 두께로 썰어 통풍이 잘 되는 그늘에서 말린다. 이때 비벼 가며 말리면 부드럽고 색이 선명해진다.

정보제공자
김광자, 충청북도 옥천군 동이면 평산리

음청

봉수탕

재료

잣 50g(⅓컵) • 호두 100g(10개) • 꿀 2큰술 • 물 1.2L(6컵)

만드는 법

1. 잣은 고깔을 떼고, 호두는 뜨거운 물에 불려 속껍질을 벗긴다.
2. 잣과 호두는 곱게 다져(사방 0.1cm) 꿀에 재운다.
3. 끓는 물 1컵에 2를 1큰술 정도 넣어 마신다. 기호에 따라 농도를 조절한다.

출처
영동군농업기술센터 영동군생활개선회 향토음식연구회, 감고을 영동의 우리 맛 발자취, 2003

고문헌
산림경제(봉수탕 : 鳳髓湯), 증보산림경제(봉수탕법 : 鳳髓湯法)

음청

순채효소차

재료

순채 1kg • 질경이 1kg • 돌미나리 1kg • 민들레 1kg • 솔잎 1kg • 쑥 1kg • 흑설탕 5kg • 꿀 적량

만드는 법

1. 야생에서 채취한 질경이, 돌미나리, 민들레, 솔잎, 쑥을 깨끗이 씻어 물기를 완전히 제거한다.
2. 유약을 바르지 않은 깨끗한 항아리에 1의 재료와 흑설탕을 같은 비율로 켜켜이 넣고 그 위를 설탕으로 덮어서 면포로 항아리 입구를 막고 뚜껑을 덮어 서늘한 곳에 둔다.
3. 2주일 후 발효가 시작되면 항아리 입구를 한지로 덮고 고무줄로 동여매어 저절로 가스가 배출되도록 하여 6개월 이상 서늘한 곳에 보관한다.
4. 충분히 발효된 후 떠오른 건더기를 걸러 내고 남은 액을 다시 고운 면포에 거른다. 이 효소 원액을 다른 항아리에 담아 보관한다.
5. 먹을 때는 효소 원액과 생수를 1 : 2~3의 비율로 희석하여 순채를 넣고 꿀을 타서 시원하게 마신다.

참고사항

우리나라에서도 오래 전부터 차를 마시기 시작했으나 언제부터 마시기 시작했는지 정확하게 알 수 없지만, 『삼국사기』에 따르면 '선덕여왕(632~647) 때부터 있었다'고 전하고 있다. 흥덕왕(872) 때는 중국에서 차나무 씨를 들여와 이듬해 차나무가 자라기에 최적지인 지리산에 심어 늘어나는 수요를 충당했다고 『삼국사기』는 기록하고 있다.

정보제공자
박화자, 충청북도 제천시 명동

호박식혜

재료

늙은 호박 150g • 단호박 100g • 찹쌀 840g(5컵) • 엿기름가루 460g(4컵) • 꿀 1컵 • 설탕 적량 • 물 1L(5컵) • 잣 약간

만드는 법

1. 엿기름가루를 따뜻한 물에 1시간 정도 담아 충분히 우려 낸 후 밭쳐 앙금을 가라 앉힌 다음 맑은 윗물만 따라 낸다.
2. 찹쌀을 씻어 충분히 불려 고두밥을 찐다.
3. 단호박, 늙은 호박을 삶은 후 곱게 으깬다.
4. 늙은 호박, 단호박, 뜨거운 찰밥을 엿기름물에 섞어 50~60°C에서 5시간쯤 삭힌다.
5. 밥알이 삭아서 떠오르기 시작하면 체에 건져 내고 꿀을 넣고 물을 부어 끓인다. 기호에 따라 설탕으로 단맛을 조절한다.
6. 5를 식혀 항아리에 붓는다.

참고사항

식혜는 우리에게 잘 알려진 기호성 음료인데, 호박식혜는 호박을 넣어 달콤한 맛이 좋다. 『조선요리학』에서 홍선륜은 '외관으로도 미술학적이고, 담백한 맛은 중국의 일등품질의 차라도 과연 우리의 식혜만은 못할 줄로 생각한다'고 말할 만큼 그 우수성을 인정하였고 식혜의 기원을 보면 중국 주나라시대의 『예기』에 나오는 상류계층이 즐겼던 감주의 윗물로 그 기원을 찾을 수 있고 우리나라 문헌에는 『수문사설』에 처음 나타나고 있다.

정보제공자
최인수, 충청북도 음성군 음성면 삼생리

대추술

재 료

찹쌀 4kg • 멥쌀 4kg • 대추 2kg • 솔잎 2kg • 누룩 2kg • 효모 2큰술 • 물 적량

만드는 법

1. 찹쌀과 멥쌀을 1 : 1 비율로 섞고 솔잎을 넣어 술밥을 찐 다음 누룩과 효모를 넣고 술밥을 완전히 삭힌다.
2. 1을 독에다 넣고 충분히 잠길 정도의 물을 붓고 발효시킨다.
3. 대추는 깨끗이 씻어 솥에 넣고 푹 곤 다음 체에 걸러 둔다.
4. 발효된 술을 먹기 직전에 걸러 놓은 대추즙과 혼합하여 마신다.

참고사항

발효 기간은 온도와 계절에 따라 다른데, 따뜻한 곳에서는 일주일 정도면 발효가 된다.

출 처

충청북도 농촌진흥원, 충북의 향토음식, 1993

술

뽕나물술(상지주)

재료

멥쌀 1kg(6⅔컵) • 뽕나무 가지 1kg • 누룩 4kg • 감초 5g • 효모 100g • 물 1L(5컵)

만드는 법

1. 멥쌀과 뽕나무 가지를 같이 넣고 고두밥을 지어 식힌 다음 누룩을 고루 섞어 항아리에 넣는다.
3. 물에 효모를 타서 항아리에 붓고 마지막에 감초를 넣어 따뜻한 곳에서 15~20일간 숙성시킨다.
3. 술이 되었으면 용수를 박아 윗부분의 맑은 술을 떠 다시 항아리에 담아 보관한다.

정보제공자
김정숙, 충청북도 진천군 진천읍 읍내리

술

솔잎주(송엽주)

재료

솔잎 100g • 누룩 200g • 찹쌀 600g(3⅔컵) • 효모 1작은술 • 물 7L

만드는 법

1. 찹쌀을 하루 정도 물에 불린 다음 고두밥을 쪄서 완전히 식힌다.
2. 식힌 고두밥에 솔잎과 누룩, 효모를 넣고 섞어 항아리에 켜켜이 앉혀 뚜껑을 덮고 5일간 발효시킨다.
3. 물을 100℃로 끓여 완전히 식힌 다음 항아리에 붓는다.
4. 3일간 발효시킨 후 용수를 넣어 용수 내의 술을 떠내어 서늘한 곳에 보관한다.

정보제공자
김윤옥, 충청북도 청원군 남이면 가마리

참고문헌

단행본

강인희. **한국의 맛**. 대한교과서주식회사. 1987.

김상보. **향토음식문화**. 신광출판사. 2002.

김수 저, 윤숙경 역. **수운잡방 주찬**(1500년대). 신광출판사. 1998.

농촌진흥청 농촌생활연구소(현 농촌자원개발연구소). **소비자가 알기 쉬운 식품영양가표**. 2003.

농촌진흥청 농촌영양개선연수원(현 농촌자원개발연구소). **한국의 향토음식**. 1994.

농촌진흥청. **농촌 식생활 향상을 위한 식생활 평가시스템 개발연구 보고서**. 2000.

두산동아편집부 편. **두산세계대백과사전**. 두산동아. 1999.

문화공보부 문화재관리국. **한국민속종합조사보고서(충청북도 편)**. 1976.

문화공보부 문화재관리국. **한국민속종합조사보고서(향토음식 편)**. 1984.

박금미 · 신승미 · 김동희 · 오미영 · 손정우 · 이숙미 · 안채경 · 김영숙. **한국조리**. 아카데미서적. 2001.

방신영. **조선요리제법**. 한성도서주식회사. 1942.

빙허각 이씨 저, 정량완 역. **규합총서**. 보진재. 1999.

뿌리깊은나무 편. **한국의 발견 충청북도**. 뿌리깊은나무. 1992.

사단법인 대한영양사회 · 삼성서울병원. **사진으로 보는 음식의 눈대중량**. 1999.

사단법인 한국영양학회. **한국인의 영양권장량 제7차 개정**. 2000.

석계부인 안동 장씨 저, 경북대학교 출판부 역. **음식디미방(경북대학교 고전총서 10)** (1670년경). 경북대학교 출판부. 2003.

신승미 · 손정우 · 오미영 · 송태희 · 김동희 · 안채경 · 고정순 · 이숙미 · 조민오 · 박금미 · 김영숙. **한국 전통음식 전문가들이 재현한 우리 고유의 상차림**. 교문사. 2005.

에드워드 쉴즈 저, 김병서 · 신현순 역. **전통**. 민음사. 1992.

염초애 · 장명숙 · 윤숙자. **한국음식**. 효일문화사. 1999.

영동군농업기술센터 영동군생활개선회 향토음식연구회. **감고을 영동의 우리 맛 발자취**. 2003.

유중림 저, 윤숙경 역. **증보산림경제**(1765). 지구문화사. 2005.

윤덕인. **외식조리인을 위한 한국음식 이론 및 조리의 실제**. 관동대학교 출판부. 2005.

윤서석. **한국음식 – 역사와 조리**. 수학사. 1984.

윤서석. **한국의 음식용어**. 민음사. 1991.

이성우. **한국식경대전**. 향문사. 1981.

이성우. **한국요리문화사**. 교문사. 1999.

이수광 저, 남만성 역. **지봉유설**(1614). 을유문화사. 1980.

이용기 저, 옛음식연구회 역. **조선무쌍신식요리제법**(1924). 궁중음식연구원. 2001.

이효지. **한국의 음식문화**. 신광출판사. 2002.

저자 미상, 이효지 외 역. **시의전서**(1800년대). 신광출판사. 2004.

전순의 저, 농촌진흥청 역. **산가요록(고농서국역총서 8)**(1449). 농촌진흥청. 2004.

전순의 저, 농촌진흥청 역. **식료찬요(고농서국역총서 9)** (1460). 농촌진흥청. 2004.

조신호 · 임희수 · 정낙원 · 이진영 · 조경련 · 김은미. **한국음식**. 교문사. 2003.

충청북도 농촌진흥원. **충북의 향토음식**. 1993.

충청북도. **향토건강음식 충북의 맛 100선**. 1996.
한국관광공사. **향토음식 관광상품화 방안 – 경상북도 주요 향토음식**. 1993.
한국문화재보호재단. **한국음식대관 제1권**. 한림출판사. 1997.
한국문화재보호재단. **한국음식대관 제2권**. 한림출판사. 1999.
한국문화재보호재단. **한국음식대관 제3권**. 한림출판사. 2000.
한국정신문화연구원. **한국민족문화대백과사전**. 1991.
한국조리사중앙회 · 한국음식관광협회. **세계를 향한 자랑스런 한국음식 300선**. 2007.
홍만선 저, 민족문화추진회 역. **고전국역총서 산림경제 2권**(1715). 민문고. 1967.
홍진숙 · 박란숙 · 박혜원 · 신미혜 · 최은정. **기초한국음식**. 교문사. 2007.
황혜성 · 한복려 · 한복진. **한국의 전통음식**. 교문사. 1990.
Peter Burke. **Popular culture in early modern Europe**. London. 1978.

■ 논문 및 학술지

고범석 · 강석우. **대구 지역 향토음식의 인식도에 관한 연구 – 대구 동인동 찜갈비를 중심으로**. 한국조리학회지. 10(4) : 15-30, 2004.
김귀영 · 이성우. **『주방문』의 조리에 관한 분석적 연구**. 한국식생활문화학회지. 1(4), 1986.
김기숙 · 백승희 · 구선희 · 조영주. **『음식디미방』에 수록된 채소 및 과일류의 저장법과 조리법에 관한 고찰**. 중앙대학교 생활과학논집. 12, 1999.
김기숙 · 이미정 · 강은아 · 최애진. **『음식디미방』에 수록된 면병류와 한과류의 조리법에 관한 고찰**. 중앙대학교 생활과학논집. 12, 1999.
김미희 · 유명님 · 최배영 · 안현숙. **『규합총서』에 나타난 농산물 이용 고찰**. 한국가정관리학회지. 21(1), 2003.
김성미. **경북 지역 대학생의 전통음식에 대한 태도(I) – 전통음식에 대한 평가, 이용도 및 라이프스타일과의 관계**. 한국조리과학회지. 16(1) : 27-35, 2000.
김성철. **지역 축제의 향토음식 관광상품화에 관한 연구**. 한국조리학회지. 6(3) : 193-223, 2000.
김희선. **어업기술의 발전 측면에서 본 『음식디미방』과 『규합총서』 속의 어패류 이용 양상의 비교 연구**. 한국식생활문화학회지. 19(3), 2004.
민계홍. **향토음식에 대한 전북 지역 대학생들의 인지도 및 기호도에 관한 연구**. 한국조리학회지. 9(2) : 127-47, 2003.
배영동. **안동 지역 간고등어의 소비전통과 문화상품화 과정**. 비교민속학. 31 : 95-128, 2006.
손영진. **경기 지방 향토음식의 관광상품화를 위한 소비자 인지도 연구**. 경기대학교 석사학위논문. 2004.
신애숙. **부산의 전통 · 향토음식의 현황 고찰**. 한국조리학회지. 6(2) : 67-78, 2000.
안용근. **청주시 향토음식 선정에 대한 연구**. 한국식품영양학회지. 19(2) : 143-152, 2006.
오영준 · 김복일. **광주 · 전남 지역 향토음식의 관광상품화 방안에 관한 연구**. 관광정보연구. 2 : 195-226, 1998.
윤서석. **한국의 국수문화의 역사**. 한국식생활문화학회지. 6(1), 1991.
윤서석 · 조후종. **조선시대 후기의 조리서인 『음식법』의 해설 1**. 한국식생활문화학회지. 8(1), 1993.
윤서석 · 조후종. **조선시대 후기의 조리서인 『음식법』의 해설 2**. 한국식생활문화학회지. 8(2), 1993.

윤서석 · 조후종. **조선시대 후기의 조리서인 『음식법』의 해설 3**. 한국식생활문화학회지. 8(3), 1993.
윤숙경. **안동 지역의 향토음식에 관한 고찰**. 한국식생활문화학회지. 9(1) : 61-69, 1994.
윤은숙 · 송태희. **우리나라 향토음식의 인지도에 관한 연구**. 한국조리과학회지. 11(2) : 145-152, 1995.
이광자. **우리나라 문서에 기록된 찬물류의 분석적 고찰**. 한양대학교 교육대학원 석사학위논문. 1986.
이선호 · 박영배. **안동 지역 향토음식을 활용한 관광체험 프로그램 개발**. 한국조리학회지. 8(3) : 147-168, 2002.
이승진. **향토음식의 인지도 및 기호도**. 숙명여자대학교 석사학위논문. 2005.
이은욱. **조선 후기 식기 및 음식의 특색과 변화**. 이화여자대학교 석사학위논문. 2002.
이효지. **『규곤시의방』의 조리학적 고찰**. 대한가정학회지. 19(2), 1981.
이효지. **『규합총서』, 『주식의』의 조리과학적 고찰**. 한양대학교 사대논문집. 1981.
이효지. **조선시대의 떡문화**. 한국조리과학회지. 4(2), 1988.
이효지 · 차경희. **『부인필지』의 조리과학적 고찰**. 한국식생활문화학회지. 11(3), 1996.
장혜진 · 이효지. **주식류의 문헌적 고찰**. 한국식생활문화학회지. 4(3), 1989.
진양호 · 김승희 · 김진영. **향토음식의 관광상품화 방안**. 문화관광연구학회지. 3(2), 2001.
차경희. **『도문대작』을 통해 본 조선 중기 지역별 산출식품과 향토음식**. 한국식생활문화학회지. 18(4), 2003.
한범수. **충청북도 관광개발계획의 실현성 평가 – 충주호 관광개발계획을 중심으로**. 관광학연구. 22(2) : 30-35, 1998
한억. **전통음식의 현대적 인식과 재창조**. 서울대학교 석사학위논문. 1996.
한억. **향토음식의 개발과 보급**. 식품과학과 산업. 27(2), 1994.
한재숙 · 한영필 · 성선향 · 소연숙 · 박경숙 · 김현옥 · 정종기. **전통음식에 대한 경북 지역 주부들의 의식 및 실태조사**. 동아시아식생활학회지. 10(6) : 480-494, 2000.

웹사이트

네이버사전(두산백과). 100.naver.com/. 2006
농촌진흥청. 향토음식. www2.rda.go.kr/food/. 2006
한국관광공사. 한국의 전통음식. www.tourkorea.or.kr/. 2006

찾아보기

索引

한국의 전통향토음식 4 **충청북도**

연구진

김행란 농촌진흥청 농촌자원개발연구소(연구총괄)
김양숙 농촌진흥청 농촌자원개발연구소
최정숙 농촌진흥청 농촌자원개발연구소
이인선 농촌진흥청 농촌자원개발연구소
지선미 농촌진흥청 농촌자원개발연구소
전혜경 농촌진흥청 농촌자원개발연구소
박홍주 농촌진흥청 농촌자원개발연구소
김태영 농촌진흥청 농촌자원개발연구소
이건순 한국농업대학 교수
신승미 청운대학교 교수
김숙종 충청북도 농업기술원

감 수

최미숙 충청대학 교수
윤순옥 충청북도 청주시 향토음식연구회장

그 외 도움 주신 분들

이희순 충청북도 농업기술원
김경화 단양군농업기술센터
김영화 영동군농업기술센터(현, 옥천군농업기술센터)
김은희 보은군농업기술센터
남기순 진천군농업기술센터
박옥렬 음성군농업기술센터
반정숙 청주시농업기술센터
안진영 옥천군농업기술센터
이주란 괴산군농업기술센터(현, 영동군농업기술센터)
장정희 제천시농업기술센터(현, 농촌진흥청)
전향미 충주시농업기술센터
황근미 청원군농업기술센터

한국의 전통향토음식 4

충청북도

2008년 5월 15일 초판 인쇄
2008년 5월 20일 초판 발행

기획 · 편집처 농촌진흥청 농업과학기술원 농촌자원개발연구소
기획 · 편집인 조 순 재
주소 경기도 수원시 권선구 서둔동 88-2
전화 031-299-0590~2
팩스 031-299-0553

제작 · 발행처 (주)교 문 사
제작 · 발행인 류 제 동
우편번호 413-756
주소 경기도 파주시 교하읍 문발리 출판문화정보산업단지 536-2
전화 031-955-6111(代)
팩스 031-955-0955
등록 1960. 10. 28. 제406-2006-000035호

홈페이지 www.kyomunsa.co.kr
이메일 webmaster@kyomunsa.co.kr

ISBN 978-89-363-0918-3 94590
ISBN 978-89-363-0914-5 94590(전10권)

* 잘못된 책은 바꿔 드립니다.

값 35,000원